El éxito
en las entrevistas
de trabajo

Igor S. Popovich

El éxito
en las entrevistas
de trabajo

EDICIONES PIRÁMIDE

COLECCIÓN «LIBRO PRÁCTICO»

Título de la obra original: *Teach Yourself Winning at Job Interviews*

Traducción: Paloma Rivero Ortiz

La primera edición de esta obra ha sido publicada
en inglés por Hodder and Stoughton

Diseño de cubierta e interiores: Anaí Miguel

© Igor S. Popovich
© Hodder and Stoughton Educational, 2003
© Ediciones Pirámide (Grupo Anaya, S. A.), 2005
Juan Ignacio Luca de Tena, 15. 28027 Madrid
Teléfono: 91 393 89 89
www.edicionespiramide.es
Depósito legal: M. 1.797-2005
ISBN: 84-368-1925-X
Printed in Spain
Impreso en Lavel, S. A.
Polígono Industrial Los Llanos. Gran Canaria, 12
Humanes de Madrid (Madrid)

A mis padres, Slobodan y Ela,
por su amor y su apoyo
durante todos estos años de sacrificio.

ÍNDICE

INTRODUCCIÓN

El futuro no vino por sí solo, alguien hizo que viniera.

WILL y ARIEL DURANT, *The Lessons of History*

LO QUE NOS ENSEÑAN EN LA UNIVERSIDAD

Empecé mis estudios universitarios a principios de los años ochenta del pasado siglo. Me gustaba estudiar, trabajé duro y obtuve unas notas excelentes. Aunque a veces lo pasábamos bien, la realidad es que nunca fue sencillo. Al comenzar, muchas personas encontraron difícil la universidad, pero yo estaba preparado para enfrentarme a cinco años de duro trabajo.

En la clase de introducción, uno de los profesores, dirigiéndose a 450 novatos, dijo:

«Hoy empezáis a estudiar en la Facultad de Ingeniería Electrónica, una de las más prestigiosas facultades del país. Los títulos que aquí se obtienen están reconocidos en casi todos los países occidentales y, además, están muy solicitados por las empresas.»

«Llegaréis a dominar un amplio rango de materias, tendréis que estudiar cálculo, ecuaciones diferenciales, estadística, física y otras asignaturas difíciles. Creedme, disfrutaréis aprendiendo ingeniería, pero no os confiéis, no será una tarea simple. Os daré una idea de lo que va a ocurrir: fijaos en la persona que tenéis a vuestra izquierda y en la persona a vuestra derecha. Sólo uno de ellos conseguirá el título de ingeniero.»

Todas sus predicciones fueron ciertas, excepto una: el programa de estudios de ingeniería electrónica era monótono y árido para unos jóvenes como nosotros. Yo no disfruté nada, si acaso el alivio que experimentaba después de los exámenes. Cada vez que aprobaba uno, me sentía un poco más cerca de mi meta final. Parecía como si los profesores pensaran: ahora vosotros vais a sufrir lo mismo que nos hicieron sufrir a nosotros.

Nunca olvidaré el día en que presenté el trabajo de fin de carrera y recibí el título oficial (la ceremonia de graduación tuvo lugar dos meses después). Me sentía en la cima. Todos mis sueños se habían hecho realidad. Mi esfuerzo había dado sus frutos: ¡por fin era alguien! Me iba a comer el mundo.

Conseguí un trabajo como ingeniero de investigación y desarrollo, y como profesor a tiempo partido en la universidad de mi ciudad natal. A pesar de eso, tenía mucho tiempo libre para dedicarme a mis actividades favoritas, entre las cuales se encontraba el inglés. Así nació la idea de marcharme a Australia. Cuando llegué en 1988, me encontré con un amplio abanico de oportunidades que me estaban esperando. Después, las cosas no resultaron tan fáciles, sobre todo al principio. No era oro todo lo que relucía.

LO QUE NO NOS ENSEÑAN EN LA UNIVERSIDAD

Tardé dos años en darme cuenta de lo poco que sabía. No me refiero a la ingeniería electrónica, sino al mundo real. Cada sábado, el periódico publicaba cientos de ofertas de trabajo, lo que me llevó a pensar que encontrar el trabajo más apropiado sería coser y cantar. El único problema era que ignoraba cómo ponerme a ello, cómo empezar. Todo el mecanismo era nuevo para mí: trabajos, currículum, entrevistas, agencias de empleo, cartas solicitando trabajo, competitividad...

Con la ayuda de mis amigos no tardé en aprender aquello que se convertiría en el segundo gran reto de mi vida: el arte de conseguir un trabajo y, además, mantenerlo. Esto último era relativamente fácil, la primera parte era la realmente conflictiva. Después de rellenar más de 200 solicitudes y de pasar unas 20 entrevistas logré mi primer empleo. Y como soy de esas personas que siempre buscan algo mejor, que suponga un reto mayor y que resulte más provechoso, los siguientes cuatro años cambié cuatro veces de trabajo y tres veces de casa.

Cada puesto de trabajo era más fácil de conseguir que el anterior. Dominaba el inglés, tenía experiencia, buenas referencias y, sobre todo, sabía cómo venderme y cómo resultar el más idóneo entre los más de 40 ingenieros que optaban por el mismo puesto de trabajo.

Nadie me enseñó cómo hacerlo, tuve que aprenderlo de la forma más dura: con mi propia experiencia. Más tarde descubrí los libros de autosuperación, que se convirtieron en mis mejores aliados y me ayudaron a afianzar mis conocimientos sobre el proceso de búsqueda de empleo y todas sus áreas: comunicación, negociación, hablar en público, técnicas de venta, redacción técnica y laboral, métodos de dirección de empresas, liderazgo y muchas cosas más.

LA IMPORTANCIA DE LAS CUALIDADES OLVIDADAS

Tardé más de 25 años en comprender algo muy sencillo acerca de las cualidades que más valen en la vida. Son las llamadas «aptitudes generales». La más importante de todas es, sin duda, la capacidad de relacionarse con los demás y de expresarse a través del lenguaje hablado, los gestos, el lenguaje del cuerpo y el lenguaje escrito.

Estas aptitudes pueden ayudarte a conseguir un empleo y a mantenerlo. La triste realidad es que no se aprenden en la escuela. La única forma de hacerlo es mediante el propio esfuerzo. Este libro te ayudará a llenar ese hueco en tu educación.

Casi desde el principio del proceso de búsqueda de trabajo tomé la costumbre de anotar, después de una entrevista, todo lo que recordara sobre la misma: las preguntas, el estilo del entrevistador, su forma de comportarse y sus comentarios, el nombre, los hechos, cifras significativas y diversas impresiones.

Lentamente comencé a configurar una entrevista tipo. Me di cuenta de que algunas preguntas se repetían más que otras y empecé a reconocer los errores que cometía en cada caso particular: respuestas erróneas, gestos equivocados, preguntas inapropiadas y posturas negativas.

Al tiempo que yo iba mejorando la redacción del currículum y mi actuación en las entrevistas, la crisis se extendía, y conseguir un buen trabajo se convertía en una tarea cada vez más difícil. Esto me dio la oportunidad de poner a prueba mis aptitudes recientemente adquiridas enfrentándome a pruebas cada vez más difíciles. Así surgió la idea de escribir este libro. Cuando el porcentaje de parados traspasó la barrera del 10 por 100, yo sentí la necesidad de compartir mi experiencia con otras personas sin trabajo, quienes, como yo, estaban constantemente en busca de la varita mágica que les proporcionara el empleo de sus sueños.

Dejo el libro en tus manos. En las siguientes páginas te guiaré por el extraño mundo de las entrevistas. Como suele ocurrir, es posible que no estés de acuerdo con todo lo que digo. Esto es normalísimo, no esperaba menos. El principal objetivo de este libro es ayudar a enfrentarse a una entrevista de trabajo y ofrecer una base que permita utilizar las propias ideas, métodos y tácticas.

LAS RAZONES POR LAS QUE ESCRIBÍ ESTE LIBRO

Mi signo del Zodíaco es Libra, y como tal, soy una persona que valora altamente la justicia, la equidad y los logros personales. Aunque mi título en ingeniería reforzó mi confianza en la lógica y la razón, después comprendí que el mundo real no se basa tanto en la lógica como en los sentimientos.

Además, siempre he sentido simpatía por aquellos que nunca se rinden, los que luchan constantemente para mejorar las cosas y que atacan el sistema establecido, sobre todo si está equivocado.

Teniendo en cuenta todo esto, no es de extrañar mi deseo de ayudar a los que empiezan a buscar trabajo, que están en franca desventaja frente a los profesionales del mundo laboral: seleccionadores, jefes de personal y consultoras de empleo.

En general, la mayor parte de los problemas tienen su raíz en el hecho de que en cualquier faceta de la vida tenemos que tratar con «profesionales». Seleccionadores, doctores, agentes inmobiliarios, abogados, vendedores de coches, directores de banco, funcionarios, gestores y otros profesionales que usan y abusan de su evidente posición ventajosa frente a la mayoría de la gente, para manipularnos a nosotros, pobres ignorantes, en su propio beneficio. Por eso es importante que los usuarios de estos servicios estemos bien informados para proteger nuestros intereses.

> **Es conveniente que aprendas a nadar con los tiburones si no quieres arriesgarte a que te coman vivo.**

EL PROPÓSITO DE ESTE LIBRO

Una vez que hayas estudiado el libro y llevado a la práctica los conocimientos adquiridos, tendrás ventaja frente a tus competidores. En un proceso de selección tendrás mayores posibilidades de éxito.

Con *El éxito en las entrevistas de trabajo* pretendo contribuir a tu formación. Su lectura constituye un paso adelante hacia la obtención de un puesto de trabajo. Es posible que no estés de acuerdo con algunos de mis puntos de vista y mis recomendaciones. Algunas tácticas te darán resultado y otras no. Juzga por ti mismo/a.

Si encuentras útil el libro para las entrevistas recomiéndalo a los amigos que estén en el paro o quieran cambiar de empresa. Seguro que te agradecerán que compartas con ellos tus secretos.

Si al final encuentras un trabajo, quiere decir que todos tus esfuerzos han dado su fruto. Yo podré decir lo mismo si este libro ha servido a la gente que necesitaba consejo y les ha ayudado a encontrar un trabajo. En ese caso, consideraré mi misión cumplida.

> **Es mucho más difícil encontrar un trabajo que mantenerlo.**

LA GENTE QUE SALE ADELANTE

El mundo en que vivimos no se basa ni en la lógica ni en la justicia o la igualdad. Éstos son ideales que el ser humano ha intentado alcanzar durante siglos. Nuestro éxito no sólo depende de nuestros esfuerzos, de nuestro duro trabajo y de nuestro conocimiento, sino que también influyen las emociones, la suerte y la comunicación entre las personas. Probablemente ésta es la razón por la cual no siempre la gente mejor y más inteligente está en la cima. (Afortunadamente hay algunas excepciones que confirman la regla.)

> *La gente que sale adelante no es necesariamente la más inteligente, sino la que tiene un mejor conocimiento de la influencia que ejerce sobre los demás y no teme ponerla en práctica. Mientras que sus rivales hablan y hablan, los ganadores ya se han puesto en marcha.*
>
> M. H. MCCORMACK, *The 110% Solution*

El mundo no es tan bonito como podría ser. La clase media está desapareciendo rápidamente en la sociedad de hoy. En otras palabras: los ricos se están haciendo más ricos y los pobres más pobres.

Empezaremos planteando una sencilla pregunta: ¿Qué es lo que podría hacer una persona normal, como tú o yo, para estar en el lado de los triunfadores? Desgraciadamente la respuesta no es nada simple. Se han escrito cientos de libros para intentar resolver una o más piezas de este rompecabezas. Tienes a tu disposición miles de libros de autosuperación que tratan sobre una gran variedad de temas y que intentan ayudarte a alcanzar tu objetivo, cualquiera que sea.

> *El único éxito en la vida consiste en ser capaz de vivirla de la forma que uno quiera.*
>
> CHRISTOPHER MORLEY

ESTRATEGIAS PARA EL ÉXITO

A mi modo de entender, todos los hechos, tácticas y estrategias posibles para salir adelante en la vida y alcanzar el éxito se resumen en los cinco puntos siguientes:

- ✎ Fórmate lo mejor que puedas y adquiere el mayor conocimiento práctico y teórico posible.
- ✎ Encuentra un trabajo interesante y bien pagado con perspectivas de futuro para tu carrera.
- ✎ Relaciónate con gente triunfadora y echa mano de ella para escalar en el sistema de la compañía y en la sociedad.
- ✎ Invierte el dinero ganado con el sudor de tu frente de forma inteligente y asegúrate una buena jubilación.
- ✎ Jubílate tras haber acumulado una cantidad de dinero que te permita vivir con tranquilidad para siempre.

Esto puede resultar simple o trivial, pero es sorprendente comprobar cómo mucha gente no logra poner en práctica ni siquiera uno de estos cinco objetivos. El truco está en saber que para avanzar un paso es necesario haber superado el anterior. Es como subir por una escalera. La manera más fácil y segura de hacerlo no es saltándose peldaños, de lo contrario se corre el riesgo de terminar como tantas otras figuras del mundo empresarial: en los juzgados, en quiebra, en la cárcel o en los tres sitios al mismo tiempo.

SOLICITAR AYUDA PROFESIONAL

En el camino hacia el éxito conocerás determinado tipo de gente que te puede ayudar a alcanzar tu meta: son los asesores financieros, directores de banco, abogados y similares. Algunos son honrados trabajadores dispuestos a aconsejarte acertadamente y a ayudarte en lo posible. Pero, ten cuidado, también puedes tropezar con alguno de esos personajes que no tardará en timarte y en invertir tu dinero en unas fundas nuevas de cuero para su Volvo o para su BMW.

Todas las profesiones constituyen una conspiración contra los legos en la materia.

GEORGE BERNARD SHAW

ENCONTRAR UN TRABAJO

Ahora abordaremos el segundo paso en el camino hacia el éxito. Probablemente te habrás preguntado alguna vez por qué resulta tan difícil obtener un empleo. Siempre ocurre así, nadie te puede ayudar a encontrar el trabajo de tus sueños, deberás hacerlo tú solo. (Hay excepciones que confirman la regla, por ejemplo, si tu padre es director general o director ejecutivo no tendrás ese problema.)

Dirás que es posible solicitar ayuda en las agencias de empleo, en las empresas que asesoran en la redacción del currículum o a los amigos, que pueden recomendarte en sus empresas y cosas por el estilo. Es verdad, pero date cuenta de que serás tú quien tenga que hacer todo el trabajo si quieres encontrar un buen empleo. Nadie va a ir a tu casa a ofrecértelo en bandeja de plata.

HAZLO TÚ MISMO

Nadie puede planificar tu carrera ni acudir a una entrevista de trabajo en tu lugar. Serás tú quien esté allí, y con la ayuda de este libro estarás preparado para aceptar el reto.

> **Hay dos momentos en la vida en que estamos completamente
> solos: justo antes de morir y justo antes de enfrentarnos
> a una entrevista de trabajo.**

En este libro hablaremos sobre cómo planificar nuestra trayectoria profesional. De todas formas, debido a la complejidad del tema y al hecho de que todos los aspectos del mismo no caben en un solo libro (si el contenido es riguroso), nos centraremos en uno de los pasos más importantes (por no decir el más importante) del proceso de búsqueda de trabajo, como es la entrevista.

Seguro que sólo el hecho de pensar en una entrevista de trabajo hace que te suden las manos y se te acelere el pulso. Esto ocurre porque en tu subconsciente reconoces la importancia de esta situación. Toda tu carrera profesional y tu vida futura dependen del resultado de una única entrevista, de que consigas o no ese trabajo en concreto, que puede mejorar tus perspectivas de alcanzar el éxito.

ENTREVISTAS DE TRABAJO

Está claro que eres consciente de la importancia de la entrevista de trabajo, de lo contrario no estarías leyendo este libro. Las reglas, principios y ejemplos resaltados aquí se basan en situaciones de la vida real, en el sentido común y en gran cantidad de investigaciones realizadas por expertos. El texto es fácil de seguir, no es necesario tener conocimientos de cálculo, ni de análisis de *cash flow* o un doctorado en psicología. Todo lo que se necesita es ser honesto con uno mismo y el deseo de mejorar, una gran fuerza de voluntad y, como suele ocurrir, un poco de suerte.

Probablemente te preguntarás si son infalibles las tácticas y las estrategias que se proporcionan en el libro. No siempre es así, como en todo, pero son lo más parecido a una varita mágica. No existe ni la panacea ni una receta universal que funcione en todos los casos. Hay que tener en cuenta que cada entrevista de trabajo es diferente porque en todo el proceso influyen muchos factores que pueden modificar el resultado final. Sin embargo, si observas determinadas reglas y te preparas adecuadamente podrás controlar mejor los obstáculos y estarás alerta frente a posibles imprevistos.

> **Las entrevistas son algo predecible y, por tanto, controlable.**

Si preparas las preguntas que te van a formular, si contestas de la manera más adecuada y proyectas una imagen positiva de ti mismo, tus posibilidades de conseguir el trabajo aumentarán enormemente.

El número de preguntas posibles que pueden plantearse en una entrevista es limitado. Muchos entrevistadores harán la misma pregunta y esperarán escuchar idéntica respuesta, por eso no debes cambiar la idea básica de cada una de tus respuestas. En el presente libro encontrarás las ideas básicas para las diferentes respuestas, no las cambies de forma radical, adécualas a cada situación concreta y, si es necesario, añade información para completarlas.

Aunque las preguntas son casi siempre las mismas, las palabras, la entonación y el tono de voz son distintos en cada entrevistador, lo que da más interés al arte de la entrevista.

CÓMO SACAR EL MAYOR PARTIDO DE ESTE LIBRO

Por el momento has dado el paso más importante para llegar a realizar una entrevista con éxito: has comprendido que es necesario mejorar las aptitudes que se requieren para enfrentarse a ella. Los pasos que vienen a continuación resultarán fáciles de superar si se siguen ciertas normas básicas. El punto principal que hay que recordar es que resulta imposible adquirir una determinada habilidad leyendo un libro. Es necesario practicar, primero sólo, luego con algún amigo o familiar y finalmente en las entrevistas reales. Cada entrevista fracasada se convertirá en una lección que no podrás olvidar. El aprender al menos una cosa por entrevista supondrá un paso adelante en el camino al éxito.

Aquí van mis sugerencias sobre cómo usar este libro:

- ✎ Léelo una o dos veces. En el capítulo 6, que contiene una serie de preguntas, subraya aquellas que más tengan que ver con tu situación y las de mayor relevancia para ti.
- ✎ Realiza una evaluación completa y honesta sobre tus puntos fuertes y débiles. Si no lo has hecho hasta ahora, ésta es una buena oportunidad para hacerlo, antes de redactar el currículum. Identifica los aspectos más significativos de tu personali-

dad y diseña un plan de acción para rectificar o neutralizar los negativos y enfatizar y reforzar los positivos.

✎ Reúne la mayor cantidad de información que puedas sobre la empresa y utilízala para preparar tus respuestas. Esto te permitirá mostrar tu conocimiento y dar una impresión positiva.

✎ Personaliza las respuestas para ajustarlas a tu caso particular y al trabajo por el que optas.

✎ Practica las respuestas. A mayor tiempo de práctica, mayor probabilidad de éxito. Graba las preguntas y respuestas en una casete y escúchalas una y otra vez hasta que las sepas de memoria. Pide a un amigo o familiar que te grabe en vídeo mientras respondes a las preguntas o que haga las veces de entrevistador. Esto te ayudará a evaluar y corregir no sólo las respuestas y el tono de voz, sino la postura, los gestos y el lenguaje del cuerpo. No pienses que por saberte las respuestas de memoria vas a perder espontaneidad durante tu intervención en la entrevista, tu subconsciente te dictará el volumen de voz y la entonación que deberás adoptar para causar una impresión de naturalidad.

UNA CUESTIÓN DE ÉTICA

Si consideras que no es ético ni justo prepararte para una entrevista, personalizar tus respuestas de acuerdo con la ocasión (otra cosa muy distinta es mentir) y utilizar las tácticas apropiadas que contrarresten las de los entrevistadores, entonces vuélvelo a considerar otra vez.

El fin justifica los medios.

MAQUIAVELO

Este libro no te enseñará a engañar, mentir o falsificar las respuestas. Estoy totalmente en desacuerdo con ese tipo de métodos y te recomiendo que no los uses con frecuencia. A pesar de lo que dijo Maquiavelo, no hay fin que justifique los medios.

Una cosa es mentir y otra muy distinta decirle al entrevistador lo que quiere oír. En el último caso nos limitamos a mostrar la información que mejore nuestras posibilidades, evitando revelar cualquier cosa que pueda tener un impacto negativo.

A pesar de que habría que impedir que un charlatán se presentara a una entrevista, y no se deberían aceptar respuestas evasivas, lo cierto es que en un proceso de selección mienten al menos una cuarta parte de los entrevistados. Según J. P. McAward, presidente de McAward Associates, una agencia de investigación neoyorquina, «es de esperar que alrededor de un 25 por 100 de los candidatos a un puesto de trabajo falsifique sus respuestas a algunas preguntas del cuestionario. Esto se suele dar en el apartado de la experiencia laboral. Las respuestas falsas más comunes: el individuo nunca ha estado en la empresa en que dice haber trabajado, su salario no era tan alto como asegura y son omitidos por completo los posibles problemas que surgieran con los superiores.»

Hay una gran diferencia entre falsificar las respuestas y seguir las pautas que se dan en este libro. Las resumiré a continuación. Apréndetelas bien y utilízalas en las entrevistas. Te sorprenderán los resultados.

- Nunca des a conocer voluntariamente ninguna información negativa sobre ti mismo.
- Cuando te pregunten sobre tus puntos débiles, sobre los errores cometidos en el pasado y demás información negativa, pon el ejemplo menos comprometido y rápidamente haz referencia a la solución que pusiste en marcha para corregir la situación y las mejoras que esto supuso.
- Presta atención a los detalles para saber lo que el entrevistador quiere escuchar, y dilo. Si esto supone modificar la realidad, intenta ver las cosas desde una perspectiva distinta. Si no tienes experiencia pero sabes que puedes desempeñar correctamente un trabajo determinado, entonces transforma tu conocimiento teórico en experiencia real. A los entrevistadores no les interesan las hipótesis y el potencial de una persona, sino los hechos reales, la experiencia real. No los defraudes. Si son felices con tu respuesta, ¿crees que les importará realmente que tú nunca hayas desempeñado ese tipo de trabajo? No les importará nada, porque tú sabes cómo hacerlo. Y si eso significa lograr el trabajo deseado, serás capaz de hacer lo que sea necesario.

1

¿QUÉ BUSCAN LAS EMPRESAS?

TIEMPOS DE CRISIS

Las empresas

Vivimos en tiempos de crisis. Incluso para las grandes empresas resulta difícil contratar gente. Mantienen deliberadamente una plantilla fija insuficiente y después contratan personal a tiempo parcial durante los meses con mayor volumen de trabajo. Los profesionales especializados en selección tienen unos criterios concretos para cada puesto y prestan atención especial en la contratación de la persona idónea.

En consecuencia, la balanza del poder se inclina a favor de los empresarios. Con una media de 40 a 60 candidatos a los puestos más especializados y más de 100 candidatos a otros puestos de trabajo, ¡adivina quién dicta las normas!

Algunos empresarios contratan gente nueva durante la subida de un negocio determinado que después, cuando empieza a decaer, despiden. Llama la atención su falta de visión global y de planificación estratégica. Actúan guiados por el principio según el cual el último en entrar es el primero en salir, que origina el que muchas personas que buscan trabajo dispongan de un currículum de lo más disperso y, por tanto, sus expectativas de encontrar un empleo se vean seriamente dañadas.

El mercado actual permite a los empresarios fijar las condiciones y congelar (o incluso reducir) los salarios y los beneficios. Un número creciente de empresas está contratando gente con la mínima preparación en lugar de contratar profesionales competentes, con el único objetivo de ahorrar. Pero de esta forma no están sacando el mejor partido a su dinero, ya que un salario un 10 por 100 mayor puede significar un aumento en el rendimiento del 100 por 100.

Las nuevas corrientes entre los empresarios insisten en la adopción de métodos de contratación más flexibles. Con ello esperan encontrar empleados adaptables y capaces de realizar gran variedad de tareas, que asuman su responsabilidad y sepan aceptar los cambios rápidos en el trabajo.

Los empleados

Las tasas altas de paro ejercen una gran influencia en el comportamiento de los empleados. Esta situación hace que las personas se muestren tímidas y sumisas, con miedo al jefe y temor a ser despedidas. Este fenómeno tiene más relevancia en profesiones con menor organización sindical.

Si queremos conservar nuestro trabajo tendremos que trabajar duro, durante más horas, tantas como sean necesarias para realizar perfectamente cualquier tarea, estemos o no preparados para ello, y todo por la misma cantidad o por menos dinero que lo que la gente gana en tiempos de prosperidad. Los trabajos escasean y muchos historiales profesionales se estancan o se ven interrumpidos debido a reducciones, despidos y reestructuraciones.

Las reestructuraciones

Para los empresarios, una reestructuración supone el primer paso hacia la construcción de una organización productiva y eficaz, abandonando la que existiera anteriormente, que ahora se muestra ineficiente y que venía mermando la economía durante décadas.

La reestructuración de los puestos de trabajo da un mayor protagonismo a los trabajadores capaces de realizar gran variedad de tareas, al tiempo que pone menos énfasis en los conocimientos específicos y en los trabajos muy definidos. Aquellas aptitudes transferibles, como la comunicación oral y escrita, la capacidad para las relaciones humanas y la facilidad para dirigir grupos, están ganando en importancia a los ojos de los empresarios. La flexibilidad y la disposición al cambio son cualidades muy solicitadas por los empresarios, debido a la dificultad de predecir las tendencias futuras en la economía y en el mercado de trabajo.

Tras una época de crisis, hay determinados puestos que desaparecen para siempre. La fórmula del despido voluntario está ganando adeptos entre los empresarios que quieren cambiar la estructura de su negocio y reducir el número de empleados.

Algunos empleados se muestran especialmente interesados por las indemnizaciones por despido voluntario o forzoso. Sin embargo, no siempre hay indemnizaciones suficientes para cubrir todos los despidos. Esto sucede porque mucha gente cree que es mejor acogerse al despido con una cantidad sustanciosa en el bolsillo que esperar unos meses. Para entonces, la crisis puede haberse agudizado y posiblemente habrá que marcharse de la empresa sin ninguna indemnización. Estoy completamente de acuerdo con esta postura, pero no olvidemos el punto de vista del empresario. Sus estrategias, sus tácticas y su filosofía quedan reflejadas en los procesos de contratación de personal, e influirán directa o indirectamente en ti y en tus perspectivas de futuro en el mercado del trabajo.

> **Estamos viviendo unos tiempos duros y cada vez se están poniendo más duros. Esto obliga a que todos tomemos cartas en el asunto inmediatamente. Los empresarios se muestran cada vez más tacaños. Así que ya puedes hacer tú lo mismo.**

TRAYECTORIA PROFESIONAL Y SEGURIDAD EN EL TRABAJO

El mundo occidental se mueve generalmente por la ley de la oferta y la demanda. Por esa razón, los factores que determinan la cantidad de dinero que ganamos son los siguientes:

- La demanda existente sobre el trabajo que realizamos.
- El grado de eficacia con que desempeñamos nuestro trabajo.
- La dificultad en sustituirnos por otra persona.

Se han producido grandes cambios en la forma en que las empresas se enfrentan al duro clima económico. Consecuencia de ello es la reducción del número de contratos fijos. Por tanto, los empleados menos preparados para el cambio quedan en un estado de total confusión. No podemos confiar en nuestros superiores hasta la jubilación, ya que la única seguridad que tenemos procede de nosotros mismos y se basa en nuestro conocimiento, en nuestras aptitudes y en nuestras cualidades. Si queremos triunfar en la vida hay que hacer un esfuerzo para mejorar nuestra preparación y adquirir aquellos conocimientos que tengan mayor demanda en las empresas. Teniendo en cuenta el clima empresarial que reina en la actualidad, una cosa queda clara:

> **¡No hay un solo trabajo seguro!**

Algunos ingenuos piensan que sus puestos de trabajo son para toda la vida. Esta sensación de seguridad les viene porque se remiten a las experiencias en el pasado. Estas personas creen que:

- ✎ Su trabajo no va a cambiar.
- ✎ Su trabajo existirá siempre.
- ✎ Los superiores agradecerán los logros alcanzados en el pasado.
- ✎ Los superiores se preocuparán por su trayectoria profesional, serán promocionados y premiados por el trabajo bien hecho.
- ✎ Si pierden el trabajo, serán recolocados tan pronto hayan pasado los malos tiempos.

La realidad es muy diferente. Hoy en día los empresarios sólo están interesados en sus propios beneficios, en la recuperación de sus inversiones y en el valor de sus acciones en el mercado. Actualmente desaparecen departamentos enteros en las empresas, se despide tanto a los profesionales de alta cualificación (ingenieros, abogados, economistas, etc.) como a los administrativos. El hacha del paro está cayendo sin piedad en toda la estructura empresarial.

Así que, nos guste o no, tendremos que aprender a vivir peligrosamente y, aunque la idea no nos haga muy felices, habrá que intentar aceptar el reto de la incertidumbre. Esfuérzate en combatir el síndrome del avestruz, no escondas tu cabeza bajo la arena, utilízala para mejores propósitos como, por ejemplo, estar atento al mercado laboral, percibir sus tendencias, sacar conclusiones y confeccionar un plan de acción.

Análisis del mercado laboral

En lugar de pasarte horas durante el fin de semana leyendo la sección de deportes en los periódicos, dedica una hora o dos a revisar las ofertas de trabajo, aunque no lo necesites. Esto te dará una idea de lo que pasa en el mercado laboral. Te llevarás una sorpresa agradable al comprobar que piden gente con una cualificación y experiencia similares a las tuyas.

Es más, si no estás muy seguro sobre tu valía o tus perspectivas de futuro, preséntate a varias selecciones sólo para comprobar tu posición. Algunos empresarios también lo hacen. A veces ponen anuncios ofreciendo puestos de trabajo que no existen para hacerse una idea de la situación de determinados profesionales en el mercado de trabajo. Esta información les resulta muy útil a la hora de revisar los salarios, sirve para negociar con los sindicatos y otro tipo de estrategias puestas en marcha con el único objetivo de mantener la balanza del poder a su favor.

En tu caso, te puedes presentar a una selección de personal aunque no tengas intención de cambiarte de empresa, te puede ayudar a conocer la realidad laboral y a saber fijar un precio a tu trabajo. Es posible que valgas más de lo que te imaginas.

Dirigir la trayectoria profesional

Los expertos en el mercado de trabajo aconsejan cambiar de empresa en cuanto surja la ocasión, ya que cuando haya que abandonar obligatoriamente el actual puesto de trabajo es posible que ya no queden vacantes. En opinión de dichos expertos, el nuevo contrato laboral lleva una cláusula implícita cuyo texto sería el siguiente: *El empleado asume toda la responsabilidad sobre su propia trayectoria profesional. Son responsabilidad del empleado la actualización de sus conocimientos, el procurarse por sí mismo un ascenso en el momento adecuado, el ahorro para la jubilación y, el más difícil todavía, alcanzar la satisfacción laboral. La empresa, que queda libre de todo compromiso, intentará crear el ambiente propicio al trabajo, siempre y cuando las exigencias económicas lo permitan.*

Si el hecho de tener un trabajo ya no da seguridad, entonces ¿qué es lo que nos proporciona esta seguridad?: la capacidad de conseguirlo. La seguridad en la capacidad de encontrar un trabajo es la expresión clave hoy en día, y para poseerla es necesario:

✎ Acumular conocimientos y aptitudes. Ofrecer la imagen de persona flexible, con capacidad para adaptarse fácilmente a otra empresa y a la que se pueden ofrecer nuevas oportunidades.
✎ Intentar aprender aptitudes «portátiles». Es decir, aquellas que se pueden aplicar en diversos ámbitos y que se solicitan en otras empresas.
✎ Plantearse de qué forma va a afectar al propio currículum cada tarea asignada en el trabajo actual.
✎ Seguir en contacto con gente influyente fuera del trabajo y que puede ser de ayuda en caso de que surja la necesidad de buscar un trabajo. Cultivar las relaciones con agencias de colocación y consultores de recursos humanos, tan necesarias para la búsqueda de empleo.
✎ Permanecer visible, moverse y no especializarse demasiado. Dejar abiertas todas las opciones.

EL EMPLEADO IDEAL

Cuando realizaba mis estudios sobre Dirección de Personal me dijeron que el anuncio perfecto era aquel al que contestaba una sola persona que resultaba ser el candidato ideal.

LEN PEACH, *The Times*, 29 de agosto de 1985

Las especializaciones más solicitadas

Si pedimos a diez empresarios que nos definan el empleado ideal, es muy probable que obtengamos diez respuestas diferentes. Cada entrevistador tiene su propia idea sobre la gente que desea contratar. Los aspectos que en un caso son muy importantes no lo son tanto para otros trabajos. Pondremos como ejemplo tres profesiones muy frecuentes que ilustran estas diferencias, como son la de programación, secretariado e ingeniería industrial. Veamos cómo difieren los factores que pueden conducir al éxito en la selección para cada uno de estos trabajos:

— *Criterios de selección de programadores informáticos:*

   ✒ Experiencia en el manejo de los sistemas operativos, conocimiento de programación de lenguajes y paquetes de software.

   ✒ Capacidad de observación.

   ✒ Aptitudes matemáticas y analíticas.

   ✒ Rendimiento apropiado.

   ✒ Buenas aptitudes para la comunicación.

   ✒ Familiaridad con el teclado.

— *Criterios de selección de secretarios:*

   ✒ Pulsaciones por minuto.

   ✒ Conocimientos de taquigrafía.

   ✒ Conocimientos de procesadores de texto y ordenadores personales.

   ✒ Muy buena aptitud para la comunicación y las relaciones personales.

   ✒ Conocimientos de gramática, de presentación de informes y lectura de pruebas.

   ✒ Sensibilidad.

   ✒ Iniciativa, capacidad de aprendizaje.

   ✒ Buena disposición para la cooperación y el trabajo en equipo.

— *Criterios de selección de ingenieros industriales:*

   ✒ Conocimiento de las normas, la reglamentación y las prácticas laborales.

   ✒ Capacidad de trabajar en solitario y en ambiente de equipo.

   ✒ Conocimientos de diseño de proyectos.

   ✒ Conocimientos sobre estimaciones y presupuestos.

   ✒ Capacidad de observación.

   ✒ Alto rendimiento laboral.

   ✒ Aptitudes para la comunicación efectiva, tanto oral como escrita.

A pesar de las diferencias de criterio, hay determinadas cualidades muy apreciadas por los empresarios que siempre se buscan en un proceso de selección. Teniendo en cuenta estas cualidades, el empleado ideal sería:

- ✎ Maduro y responsable.
- ✎ Competente.
- ✎ Formado y con experiencia.
- ✎ Alta capacidad de comunicación.
- ✎ Alta capacidad para motivar.
- ✎ Emprendedor.
- ✎ Capaz de trabajar solo y en equipo.
- ✎ Leal.
- ✎ Física y mentalmente sano.
- ✎ Que se pueda trabajar con él a gusto.
- ✎ De gran integridad moral y ética.
- ✎ Automotivado.

Lo que teme el entrevistador

Para tener éxito en una entrevista, no hay que olvidar que el propio entrevistador está tan nervioso, experimenta tanta ansiedad y se siente tan confuso como el entrevistado. En cada pregunta intenta encontrar aquello que más le interesa o lo que más teme. Los candidatos a un puesto debemos ajustar las respuestas para convencer a los empresarios de que sus temores no tienen fundamento, en otras palabras, que somos una buena inversión de su tiempo y su dinero.

¿Qué es lo que más teme un entrevistador?

1. El empleado no será capaz de hacer el trabajo porque no posee las aptitudes o los conocimientos requeridos.
2. El empleado no estará motivado.
3. El empleado enfermará con frecuencia.
4. El empleado ocupará el puesto de trabajo durante un escaso período de tiempo y lo dejará en el momento en que encuentre otra oferta mejor.
5. El empleado tardará mucho tiempo en aprender su trabajo y en convertirse en una inversión rentable.

6. El empleado no se llevará bien con sus compañeros de trabajo ni con sus superiores.
7. El empleado hará el mínimo esfuerzo posible en lugar de dar lo máximo de sí mismo.
8. El empleado desprestigiará a su jefe y a todo el departamento.

Hay tres tipos básicos de personas. Las que consiguen que las cosas pasen, las que observan lo que pasa y las que se preguntan qué es lo que pasa. Los empresarios buscan gente activa, no quieren observadores pasivos.

En tus respuestas proyecta la imagen de hombre o mujer de acción.

Descripciones de puestos de trabajo y criterios de selección

En la preparación para una entrevista de selección, el primer requisito es identificar qué cualidades son las que busca el entrevistador. Si quieres impresionar a los cazatalentos, deberás basar tu actuación en esos factores.

A veces, la empresa contratante proporciona esta información a los candidatos. De esta forma, intenta disuadir a los menos cualificados o con menos experiencia, pero también sirve de gran ayuda a algún entrevistado astuto para actuar en consecuencia durante la entrevista.

RECOPILAR INFORMACIÓN

Las dos cosas más importantes en cualquier negocio son aquellas que nunca aparecen en la hoja de balances: su gente y su reputación.

HENRY FORD

Lo ideal es empezar a investigar antes de enviar el currículum. Así podrás preparar el proceso de selección de forma que encaje con las circunstancias particulares de cada caso, con su manera de pensar y de actuar y, lo más importante de todo, con los criterios de selección. Y, si te llaman para la entrevista, intenta informarte sobre los objetivos de la compañía.

> **A medida que aumenta tu conocimiento sobre la empresa, la balanza del poder se va inclinando a tu favor.**

Si eres capaz de hacer ver al entrevistador que has realizado una investigación sobre ellos y que tienes un gran conocimiento de sus operaciones, es posible que piensen: «Si se tomó tantas molestias para recopilar información sobre nosotros antes de la entrevista, ¿qué no hará cuando trabaje aquí? Ésta es la persona que queremos en nuestro equipo».

Puedes dejar entrever tu conocimiento mediante frases alusivas, preguntas apropiadas y respuestas que contesten exactamente a sus preguntas. No intentes parecer demasiado inteligente ni convencer a los entrevistadores de que has realizado toda una investigación sobre su empresa. Deja que ellos mismos lo imaginen.

La cuestión que se nos plantea ahora es cómo realizar esa investigación completa. La respuesta es: siguiendo los pasos que se relacionan a continuación.

1. Recopilación de información. Es la tarea más larga y aburrida, pero reviste una gran importancia.
2. Revisar la información y seleccionar la más relevante. Este paso es mucho más fácil y más interesante que el anterior.
3. Utilizar la información relevante para las respuestas. Las mejores respuestas (que se incluyen en el capítulo 6) se ampliarán y modificarán para adecuarse a cada caso particular. Nunca olvides esta regla: diles lo que quieren escuchar.

Hay varios métodos para preparar información. Te darás cuenta de que alguno de ellos ha resultado de gran valor, ya que la información recopilada puede suponer el éxito o el fracaso en la entrevista. A continuación echaremos un rápido vistazo a las fuentes de información y las tácticas para utilizarla.

Rastrear la bibliografía disponible

Durante el procedimiento para la búsqueda de empleo no hay mejor inversión de tiempo que el que pasamos en una biblioteca. Las revistas y publicaciones sobre economía y financiación constituyen una fuente excelente de información. Los anuarios, folletos, panfletos y cartas publicitarias publicadas por las empresas son documentos muy valiosos para todo aquel que busque trabajo.

Como sugerencia general te aconsejo que confecciones tu propia base de datos sobre las empresas que se encuadran dentro de tu actividad profesional. Recopila todos los artículos de los periódicos y revistas y demás material impreso, anuncios de trabajo, etc. Crea un sistema de archivo que puedas consultar de forma rápida y actualízalo periódicamente.

Acudir a amigos y conocidos como fuentes de información

Los amigos y parientes pueden proporcionar información específica desde dentro de la propia empresa en la que trabajan. También te pueden presentar a gente perteneciente a la compañía a la que has mandado el currículum. La información interna es valiosa y, si se utiliza convenientemente, proporciona una posición ventajosa frente a otros candidatos.

De todas formas, una vez en la entrevista, no menciones a tus amigos o conocidos. No sabes cómo son las relaciones personales entre el entrevistador y tu amigo y corres el riesgo de dañar tus probabilidades de éxito.

Los contactos de trabajo

Si quieres permanecer en el mismo tipo de empresa, tus contactos de trabajo te proporcionarán información muy útil, ya que conocen los planes de desarrollo de su empresa. Además, son los que te van a conseguir los datos más valiosos y más detallados. Manten siempre unas buenas relaciones con tus antiguos jefes, clientes y proveedores, nunca se sabe cuando los vas a necesitar.

Infórmate sobre tu futura empresa

Antes de la entrevista de trabajo, intenta contactar con el/la recepcionista o con el/la secretario/a por teléfono o visítalos personalmente. El mejor momento para hacer esto es al llamar para fijar la hora y el día de la entrevista. Utiliza esta oportunidad para preguntar sobre el entrevistador, su nombre, títulos universitarios, posición, historial, etc. Formula las preguntas cuidadosamente, no vayan a pensar que eres un cotilla o un «metomentodo».

Intenta establecer un contacto amistoso con el personal administrativo y con la recepción. No es raro que sus jefes les pidan su opinión sobre los candidatos o sobre la impresión que éstos les han causado.

Es muy probable que las personas que hablen contigo por teléfono no sean las que van a hacer la entrevista. Si preguntan por qué quieres conocer detalles, contesta que los necesitas para preparar la entrevista o que no es tu intención hacer perder el tiempo a nadie si no estás cualificado para el trabajo. Y tampoco es cuestión de malgastar tu precioso tiempo si el puesto de trabajo se te queda pequeño.

La mejor táctica sería ir a ver al personal de recepción o al secretario/a personalmente. No les importará charlar un rato contigo si ven que te interesas sinceramente por ellos y por la empresa. Es fácil olvidarse de una persona cuando sólo se ha hablado con ella por teléfono, pero si te conocen cara a cara estarán más dispuestos a ayudarte.

En una entrevista se pasa muy mal si no conocemos a los entrevistadores, no sabemos qué papel juegan dentro de la empresa o qué es lo que esperan de nosotros. La mayoría de las ocasiones es durante la presentación cuando los candidatos oyen el nombre y el cargo del entrevistador por primera y última vez. Muchos están tan nerviosos en este momento o tan concentrados en cómo presentarse que no se dan cuenta del nombre. Nunca jamás comiences una entrevista sin saber quién es el entrevistador y qué lugar ocupa en el organigrama de la compañía.

Clasificar la información

La información obtenida de las fuentes mencionadas más arriba cubrirá todos los aspectos de la empresa. La siguiente tarea es la de clasificar los datos en categorías. Esto te ayudará a sistematizar tus conocimientos y a utilizar esta información en tu provecho. Algunas de las preguntas más importantes que debes hacerte son:

Servicios y productos que ofrece

¿Ofrece servicios, productos o ambos?

¿Qué tipo de productos o servicios?

¿Cuántos productos o servicios diferentes se ofrecen?

¿Qué productos o servicios son los que producen mayores beneficios o tienen el mejor potencial?

¿Cómo son los productos o los servicios? ¿Cuáles son los métodos de producción?

¿Qué técnicas de control de calidad se utilizan?

Los clientes y el mercado

¿Quiénes son los principales clientes?

¿Cómo son las relaciones entre la empresa y sus clientes?

¿Cómo empezó y cómo continuó esta relación? ¿Cuál es la tendencia actual y cuál se espera que sea en el futuro?

¿Qué planes tiene la empresa en relación con el marketing, con la apertura de nuevos mercados y la expansión de los ya existentes?

Aspectos organizacionales

¿Cómo está organizada la empresa? ¿Cuál es la función de cada departamento?

¿Cuántos rangos de directivos hay? ¿Estos directivos, qué funciones cumplen?

¿Cuáles son las principales áreas de responsabilidad en cada nivel?

¿Qué departamentos generan beneficios? ¿Qué departamentos no tienen tanto éxito?

¿Cuáles son las oportunidades para ir escalando posiciones?

Detalles sobre el puesto al que te presentas

¿Qué persona se necesita para ese puesto de trabajo?

¿Por cuánto tiempo ha estado vacante dicho puesto?

¿Quiénes lo ocuparon previamente?
¿Se trata de un nuevo puesto de trabajo?
¿Qué oportunidades de promoción ofrece?
¿Qué sucedió con los que anteriormente lo ocuparon?

La historia de la empresa y los planes de futuro

¿Cuándo se creó la empresa?
¿Ha tenido un crecimiento estable a través de los años?
¿Se está expandiendo o parece estancada?
¿Quiénes son los principales accionistas? (si la empresa está en Bolsa).

PREPARAR EL CURRÍCULUM

Una vez finalizada la investigación sobre la empresa en la que estamos interesados, podemos empezar a redactar el currículum. Si ya lo tienes redactado, lo único que te queda por hacer es ajustarlo a las necesidades de la empresa y del puesto al que optas. Las personas que buscan trabajo piensan que el hecho de modificar el currículum no constituye un paso crucial a la hora de ser seleccionado para un puesto de trabajo. Nada más lejos de la realidad.

¿Cómo podemos despertar el interés en una persona que nunca nos ha visto ni ha hablado con nosotros?, ¿cómo contar a un empresario los hechos más significativos de nuestra vida en pocos minutos?, ¿cómo resaltar los propios logros y subrayar los puntos fuertes en un par de hojas?: presentando un currículum atractivo y eficaz. El currículum incluye todo: el expediente escolar, los diplomas, certificados, licenciaturas, experiencia, historial laboral, conocimientos, puntos fuertes, intereses, metas y mucho más, todo ello condensado en un conjunto explosivo cuyo único propósito es sorprender a los empresarios y hacer que se mueran por contratarnos.

Probablemente habrás leído alguna novela en la que la única forma de ganar el corazón de una mujer era escribiendo cartas románticas y poesías y enviando, de vez en cuando, una rosa roja. Esto es exactamente lo que debes hacer para llegar al corazón del empresario. No se trata de mandarle rosas, sino de presentarle un currículum y una carta con palabras contundentes y efectivas.

> El currículum es la herramienta más poderosa que tienes
> a tu disposición. Invierte tiempo y dinero en su preparación
> y manténlo al día. Su único objetivo es asegurarte
> una entrevista de trabajo.

Cuando solicites un trabajo, haz siempre un esfuerzo extra y consigue el nombre de la persona a quien le estás mandando el currículum y la carta. No es suficiente con poner el cargo. Si mandas una carta a nombre de alguien, romperás la barrera de la intimidad. La palabra más importante en el vocabulario de una persona es su nombre. A todo el mundo le gusta ver su nombre escrito y no importa que se dirijan a ellos directamente, porque esto les hace sentirse importantes y valorados.

Pero no es suficiente con poner el nombre. También hay que usar un lenguaje sencillo y eficaz, carente de frases hechas y de formalidades. Escribe igual que si estuvieras hablando con esa persona. No intentes impresionarla demasiado. Sé breve. Evita incluir demasiados detalles y no remarques los logros, ya tendrás tiempo de hacerlo en la entrevista.

Cómo preparar el currículum: las reglas del juego

1. Prepáralo tú mismo, no acudas a una agencia. Utiliza un procesador de textos y una impresora láser si tienes esa opción. Para el empresario medio, la presentación es, a menudo, más importante que el mismo contenido. Triste, pero cierto.

2. Haz que lo lea alguien con un buen conocimiento del idioma. Cuentas más veces, mejor.

3. Pide a la mayor cantidad de gente posible su opinión sobre el contenido, la calidad y el estilo del currículum.

4. Utiliza un papel de calidad, preferentemente color crema o azul claro. Aunque lo normal es que sea blanco, si lo presentas en otro color resaltará de entre todos los demás. Evita colores chillones. Un papel de buena calidad en pastel claro o azul claro destaca lo suficiente para ser recordado y tenido en cuenta.

5. No mientas ni exageres tus logros. La sinceridad es la mejor cualidad en materia de currículum (como veremos más adelante, no ocurre lo mismo en las entrevistas).

6. Utiliza palabras activas que proyecten una imagen de persona de acción, que asume las responsabilidades y consigue resultados: diseñar, establecer, empezar, iniciar, introducir, dirigir, supervisar, investigar, formar, lograr, subir, ahorrar...

7. Los siguientes hechos no deben aparecer nunca, asegúrate de que no estén: el salario actual y el anterior, el salario esperado, los nombres de las personas que pueden dar referencias, una foto, la nacionalidad, peso, altura, color de ojos y los nombres de la mujer, el marido y los niños.

8. Una información opcional es la edad, el estado civil, los hobbies y otros intereses. Estos aspectos no tienen nada que ver con tu capacidad para desempeñar un trabajo, son irrelevantes y pueden ser la fuente de cualquier tipo de discriminación por parte del empresario.

9. Otro aspecto peliagudo es referir los propios objetivos. Muchos libros sobre búsqueda de empleo dicen que es imprescindible, pero yo no lo recomiendo. Si decides incluirlo, sé breve, conciso y colócalo muy al principio del currículum.

Los errores que se pueden cometer en un currículum

Demasiado extenso

No es conciso, los datos que incluye no son relevantes y tampoco se presenta de forma atractiva. Parece una novelita rosa más que un medio de comunicación claro y directo. Repite muchas palabras y proporciona una información redundante.

Demasiado breve

No hay suficientes datos que permitan valorar adecuadamente este currículum. Hay veces en que la experiencia y la formación no se pueden explicar en una o dos páginas, como es lo normal. En estos casos es preferible realizar un currículum con mayor número de páginas.

Una presentación pobre

Un currículum chapucero, sucio, mal presentado o una fotocopia defectuosa. El papel tiene demasiados dobleces, parece un billete de autobús, no un documento profesional.

Erratas y errores gramaticales

La primera impresión que producen las erratas o los errores gramaticales es que no se ha puesto atención en la redacción del currículum ni se ha hecho un gran esfuerzo de presentación, ambos serios defectos para la búsqueda de trabajo. El seleccionador tiene la sensación de que al candidato no le preocupa la impresión que pueda producir ni está muy interesado en el puesto de trabajo.

Demasiado exagerado

Está claro que el currículum lo ha preparado un profesional. El jactarse demasiado o el exagerar daña la credibilidad del candidato.

Ésta es la forma **correcta** de presentar un currículum:

PILAR LÓPEZ FERNÁNDEZ
C/ Hermosilla, 22. 28001 Madrid
91 423 56 32 (casa) - 91 331 67 78 (trabajo)
Móvil: 555 678 901. e-mail: plopez@net.es

Fecha de nacimiento: 29 de septiembre de 1974

Estudios realizados: Licenciatura en Ciencias Empresariales, Universidad Autónoma de Madrid, 1997.

Máster en Recursos Humanos, Universidad Autónoma de Madrid, 2002.

Experiencia laboral:

Febrero de 2002 - hasta la fecha:
Logitech Consulting, S. A.
Jefa de contrataciones.

Encargada del departamento de contrataciones, relación con el cliente, preparación y aprobación de los contratos.

Creación de una red de comunicación mediante la utilización de Macintosh.

Asistencia a cursos sobre control de calidad.

Conocimiento amplio de procesadores de textos, hojas de cálculo, bases de datos y otras aplicaciones de PC.

Julio de 1999 - enero de 2002:
Ingenieros Especializados, S. A.
Controladora de proyectos.

Responsable de la administración de proyectos y contrataciones para una empresa fabricante de herramientas.

Establecimiento de procesos internos de control de calidad.

Disminución de los costes de producción en una cantidad aproximada de 200.000 euros anuales.

Desarrollo e implantación de un nuevo sistema computerizado.

Mayo de 1996 - junio de 1999:
Gestoría Smith
Contrato en prácticas.

Responsabilidades que incluyen trabajos de contabilidad, preparación de declaraciones de la renta y auditorías internas a cuentas de clientes. Tras el período de aprendizaje, nombrada supervisora de cuentas de dos clientes principales en el sector de ingeniería.

Afiliaciones: Colegiada núm. 34.567 del Colegio Oficial de Economistas.

Otros intereses: Informática, baloncesto, deportes de invierno.

Referencias: Se ofrecerán, previa petición, al término de la entrevista.

Ésta es la forma **incorrecta** de presentar un currículum:

PILAR LÓPEZ FERNÁNDEZ
C/ Hermosilla, 22. 28001 Madrid
91 423 56 32 (casa) - 91 331 67 78 (trabajo)
Móvil: 555 678 901. e-mail: plopez@net.es

Objetivos: Un puesto administrativo bien remunerado en el sector de ingeniería o de construcción situado en el centro de Madrid. Se considerarán las ofertas de empresas ubicadas fuera de Madrid sólo si la cantidad del salario supera al menos en un 20% a mi remuneración actual.

Datos personales: Fecha de nacimiento: 29 de septiembre de 1974, altura: 1,64, peso: 54 kg, ojos: azules, pelo: castaño, felizmente casada con Juan, sin hijos, salud: excelente (excepto migrañas ocasionales y alergia).

Hobbies e intereses: Informática, baloncesto y deportes de invierno.

Estudios realizados: 1992-1997: Licenciatura en Ciencias Empresariales, Universidad Autónoma de Madrid.

1998-2002: Máster en Recursos Humanos, Universidad Autónoma de Madrid, 2002.

Historial laboral:

1996-1999: **Gestoría Smith**
Contrato en prácticas

Realización de trabajos generales de contabilidad, preparación de declaraciones de la renta bajo atenta supervisión. Después del período en prácticas me despedí y fui contratada por Ingenieros Especializados, S. A., ya que me ofrecían un mayor salario y mejores condiciones.

1999-2002: **Ingenieros Especializados, S. A.**
Controladora de proyectos

Administración de proyectos y contratos para una pequeña empresa fabricante de herramientas. Establecimiento de procesos internos de control de calidad. Participación en el desarrollo e implantación de un nuevo sistema computerizado. Dejé el puesto a causa de diferencias personales con el supervisor del proyecto.

2002-2005: **Logitech Consulting, S. A.**
Jefa de contrataciones

Contratada para supervisar la operación del departamento de contrataciones, lo que incluye negociación y administración de contratos, relación con el cliente, preparación y aprobación de los mismos. Creación de una red de comunicación mediante la utilización de Macintosh. Asistencia a cursos sobre control de calidad. Debido a la política de reestructuración de la empresa, mi puesto se eliminó en enero de 2005.

Referencias:
Pedro Torella, Director, Gestoría Smith.
Alicia Gómez, Ingenieros Especializados, S. A.
Miguel Tello, Logitech Consulting, S. A.

Análisis de los errores

1. Los objetivos muestran una ambición exagerada y mal gusto. Carece de modestia. Crea una primera impresión muy mala.

2. Incluye demasiados detalles personales. Altura, peso, color de pelo y de ojos, el nombre del marido y detalles sobre la salud. Todos estos datos son innecesarios. Incluso se podría omitir el estado civil.

3. No hay necesidad de especificar las fechas exactas en que se cursaron los estudios, basta con el año de graduación.

4. Por otra parte, en la experiencia laboral conviene especificar no sólo los años, sino también los meses. 1996-1999 puede significar desde enero de 1996 hasta diciembre de 1999, que son casi cuatro años, o bien desde diciembre de 1996 hasta enero de 1999, que son únicamente dos años. Este truco se utiliza mucho pero está muy mal visto por los seleccionadores.

5. La expresión «historial laboral» no suena demasiado bien, da una idea de pasado. Es mejor poner «experiencia laboral» o simplemente «puestos de trabajo».

6. Es conveniente relacionar la experiencia laboral por orden cronológico inverso, empezando por el último y terminando por el primer puesto de trabajo.

7. No es necesario incluir las referencias en el currículum porque ocupan un espacio muy valioso que puede ser aprovechado para otras cosas como, por ejemplo, los objetivos alcanzados en el trabajo.

8. Nunca se deben incluir las razones por las que se dejó un trabajo. Es mucho más sensato hablar de ellas durante la entrevista personal (únicamente si lo pregunta el entrevistador), ya que sólo de esta forma se puede explicar correctamente lo que pasó. Si se expresan simplemente en un currículum crearán una impresión negativa.

ESCRIBIR CARTAS PARA SOLICITAR UN TRABAJO

Existen algunas reglas generales para escribir una carta solicitando trabajo. Si las sigues, te encontrarás trabajando mucho antes de lo que pensabas. Esto no significa que tengas que ceñirte ciegamente a las normas, pero si consigues un trabajo sin haberte preparado cuidadosamente para el proceso de selección, no se puede decir que lo lograste gracias a lo que hiciste, sino a pesar de lo que no hiciste.

Regla número 1: Búsqueda e investigación

Cuando se contesta a un anuncio de un periódico hay que estudiar detenidamente el contenido antes de mandar la carta. Es necesario analizar las palabras, el orden de las frases, la sintaxis. Conviene leer entre líneas para obtener una cierta idea acerca de la persona que redactó el anuncio y sobre la filosofía de la empresa. ¿Qué características personales y profesionales parecen las más importantes?, ¿qué tipo de persona buscan?, ¿cuáles son los requisitos mínimos (absolutamente obligatorios) en cuanto a cualificación y experiencia?, ¿cuáles son las características preferibles?, ¿encajo yo en esa descripción?, ¿qué puntos de mi currículum puedo destacar?

Sólo después de responder a estas preguntas podrás decir «una vez hecho todo lo que tenía que hacer, voy a escribir la carta que me permita ganar ese puesto de trabajo». Atención a la palabra «ganar». Tu solicitud debe ser una solicitud ganadora, y el currículum, un currículum ganador. Escribir cartas solicitando un trabajo es como pintar: el trabajo más largo, más aburrido y monótono es la búsqueda y recopilación de información. En la pintura hay que limpiar, lijar y empastar, y otra vez lijar, limpiar e imprimar, después se pinta a golpes de pincel. El currículum y la carta son probablemente las dos tareas más fáciles.

Regla número 2: Lenguaje y estilo

La carta de presentación y el currículum tienen un único propósito: conseguir una entrevista de trabajo. Son tus herramientas de presentación y, por tanto, deberás utilizarlas correctamente. Evita incluir dichos y frases hechas en la carta, el lenguaje tiene que ser vivo y atractivo para el lector. Las erratas y los errores gramaticales o de sintaxis son pecados cardinales y la causa más probable de que tu currículum acabe en la papelera.

Sirve de gran ayuda que alguien lea los documentos y dé una opinión sincera y objetiva sobre la calidad, la claridad y el estilo de tu redacción. Dos pares de ojos ven más que uno, no dudes en enseñar tus borradores de carta a todo aquel dispuesto a ayudarte.

Regla número 3: La presentación

Confecciona una carta de presentación y un currículum bonitos. Utiliza papel de la mejor calidad. Imprime en impresora láser o en una matricial de calidad. Sé discreto/a con los colores, los más adecuados son el negro o azul oscuro para la tinta y blanco o pasteles claros para el papel. Utiliza fuentes que faciliten la lectura, no necesariamente las más modernas, y nunca uses más de dos tipos de letra: uno para los encabezamientos y otro para el resto. Utiliza las mayúsculas y la negrita en aquellos hechos que quieras destacar.

Una cuestión de estética: cuando mandes el currículum, no lo dobles y no grapes las páginas. Envíalo en un sobre tamaño A4, que proyecta una imagen mucho más profesional. Una solicitud doblada tres o cuatro veces parece una simple correspondencia «basura» y normalmente termina como tal, en la papelera.

> Hay tres cosas de infinita importancia en la redacción de un buen currículum: la presentación, la presentación y la presentación.

Antes de cerrar el sobre, asegúrate de que no faltan dos cosas: la firma y la copia del currículum. Te sorprendería comprobar cuántas veces la gente olvida estas dos cosas tan simples.

Regla número 4: El seguimiento

Al solicitar un trabajo, guarda una fotocopia de toda la correspondencia y apunta en un cuaderno la fecha. Esto es particularmente importante si tienes más de una versión de tu currículum que has realizado dependiendo de cada caso particular, y no te pillarán desprevenido en caso de que te pregunten cosas específicas del currículum o necesiten que les aclares cualquier aspecto.

Después de una semana aproximadamente, llama a la empresa para que te confirmen si han recibido tu solicitud. No dejes nada a la suerte. Demuestra iniciativa. Averigua cuánto tiempo tardarán en seleccionar las solicitudes, de esta forma te puedes preparar para la entrevista. Confecciona un plan de acción para enfrentarte a la entrevista y cíñete a él.

El error más grande que se puede cometer al buscar trabajo es el de no hacer un seguimiento de la solicitud. Recuerda siempre a los empresarios tu candidatura y muestra gran interés por el camino que sigue tu currículum. Muchos apreciarán tu forma de ser en el trabajo, tan sistemática, organizada y llena de recursos.

Así se debe hacer:

PILAR LÓPEZ FERNÁNDEZ
C/ Hermosilla, 22. 28001 Madrid
91 423 56 32 (casa) - 91 331 67 78 (trabajo)
Móvil: 555 678 901. e-mail: plopez@net.es

D. Nicolás Pérez / Jefe de Personal
Pozo y Rivero Asociados
C/ Génova, 11. 28004 Madrid

12 de febrero de 200X

Estimado Sr. Pérez:

Con referencia a su anuncio publicado en *El País* con fecha 10 de febrero de 2005, me gustaría expresarle mi gran interés en el puesto de trabajo como Administrador de Contrataciones.

Tras siete años ocupando diversos puestos administrativos en el sector de consultorías, me encuentro preparada para aspirar a un nuevo puesto. Mis conocimientos teóricos y prácticos y mi experiencia como directora de proyectos, negociación y administración de contrataciones podrán resultar provechosos a su consultora.

Mis aptitudes analíticas y técnicas, así como mi capacidad de trabajo en grupo y ante trabajos de urgencia, me capacitan para comenzar a ofrecer resultados a su empresa en un corto período de tiempo. Tengo experiencia en relaciones con el cliente, con los vendedores y con los organismos estatales, así como en la preparación de presupuestos, control de costes, supervisión de personal administrativo, coordinación, planificación, realización y presentación de informes.

El actual clima económico requiere una aproximación racional e innovadora a la dirección de proyectos y a la ingeniería en general. Yo tengo conocimientos acerca de todos los aspectos que tienen que ver con el servicio al cliente y sobre implantación de procesos de control de calidad. Sobre todo entiendo a la gente y sé cómo trabajar en equipo.

Adjunto una copia de mi currículum. Si necesita mayor información, no dude en ponerse en contacto conmigo a cualquier hora del día. Estaré encantada de poder entrevistarme con usted para comentar con mayor detenimiento todos los aspectos sobre el puesto que ofrecen y sobre mi experiencia laboral, y contribuir al desarrollo de su prestigiosa empresa.

Le agradezco la atención prestada y quedo a la espera de sus noticias.

Reciba un cordial saludo,

Pilar López Fernández

Así no se debe hacer:

PILAR LÓPEZ FERNÁNDEZ
C/ Hermosilla, 22. 28001 Madrid
91 423 56 32 (casa) - 91 331 67 78 (trabajo)
Móvil: 555 678 901. e-mail: plopez@net.es

Atn. Jefe de Personal
Pozo y Rivero Asociados
C/ Génova, 11. 28004 Madrid.

12 de febrero de 200X

Estimado Sr.:

He leído con gran interés su anuncio en El País. Me gustaría participar en el proceso de selección para el puesto de Administrador de Contrataciones, ya que he trabajado en puestos similares durante siete años. Constituiría un buen cambio el poder incorporarme a su prestigiosa empresa.

Aunque mi experiencia no se ha desarrollado en el campo de la ingeniería, tengo la completa seguridad acerca de mi capacidad para desempeñar las tareas relacionadas en su anuncio sin mayor problema. Además, como mi signo del Zodíaco es Libra, mi agradable personalidad y mi popularidad en la oficina compensarán con creces mi desconocimiento sobre el tema.

Estoy buscando un nuevo puesto en una consultora importante en el sector de ingeniería y construcción que no exija desplazamientos ni horas extras. Acabo de casarme y espero quedarme embarazada pronto. Estaría dispuesta a trasladarme a otra localidad siempre y cuando las condiciones fueran buenas, especialmente en lo concerniente al seguro médico.

Actualmente estoy en el paro y aprovecho el tiempo aprendiendo francés y aumentando mis conocimientos sobre mi profesión.

Adjunto una copia de mi currículum. Si necesita más información, no dude en ponerse en contacto conmigo a cualquier hora del día. Si piensa que mi currículum y experiencia encajan en este proceso de selección, estaría encantada de poder entrevistarme con usted.

Gracias por su tiempo.

Reciba un cordial saludo,

Pilar López Fernández

Analicemos los errores

1. La segunda carta se dirige al jefe de personal. Es mucho mejor dirigirse a una persona concreta y evitar el «Estimado Sr.» o «Estimados Sres.». Todo el mundo prefiere ver su nombre en

una carta. Es mucho más fácil crear una atmósfera amistosa si nos dirigimos a una persona por su nombre.

2. Casi todos los párrafos empiezan en primera persona. Evita esto siempre que puedas. Una carta de solicitud debe explicar al seleccionador lo que somos capaces de hacer por la empresa y no lo que queremos que la empresa haga por nosotros. Expresiones como «He leído con gran interés...» o «Me gustaría...» no deben utilizarse, ya que predisponen a la gente en contra.

3. No debes mencionar el hecho de que actualmente te encuentras en el paro. Explica las razones durante la entrevista sólo si te preguntan por ellas.

4. En el segundo párrafo se enfatiza la falta de conocimientos sobre ingeniería y se intenta compensar esta carencia mencionando el signo del Zodíaco y el trato personal. Resultaría un comentario divertido si no tuviera unas consecuencias tan desastrosas.

5. El tercer párrafo refleja una persona a la que sólo le interesa su tiempo de ocio, su vida familiar y los beneficios de un trabajo. Si yo fuera jefe de personal y leyera esta carta, a partir de este punto la tiraría a la papelera. Es el típico caso de «gasto innecesario de papel».

6. El párrafo final es equívoco, parece como si la solicitante dudara de su cualificación y de su experiencia y deja en manos del jefe de personal la decisión. En cambio, debería reflejar más confianza en sí misma y proclamar: «Estaré encantada de poder entrevistarme con usted para comentar con mayor detenimiento todos los aspectos sobre el puesto que ofrecen y sobre mi experiencia laboral, y contribuir al desarrollo de su prestigiosa empresa». ¡Hay una diferencia abismal!

7. Una carta que comienza con «Estimado Sr.» o con «Estimados Sres.» nunca deberá finalizar con «Reciba un cordial saludo». La forma más correcta sería «Atentamente».

2

¿QUÉ PUEDES OFRECER?

AUDITORÍA PERSONAL (NUESTROS PUNTOS FUERTES Y DÉBILES)

Para saber hacia dónde vas y cómo llegar allí, lo primero que tienes que hacer es conocerte a ti mismo.

VICENT CLEMENT STONE,
The Success System that Never Fails

Curiosamente la gente tiene cierta tendencia a decepcionarse de sí misma. Lo que nos suele ocurrir es que sobrestimamos nuestros puntos fuertes y no tenemos en cuenta los débiles. Nos concentramos en ganarles la partida a otras personas, olvidando que es mucho más importante superarnos a nosotros mismos. No basta con actuar de forma inteligente y astuta frente a los demás porque esto no significa necesariamente que estemos actuando en nuestro propio beneficio.

También puede darse algo mucho peor, como es menospreciar los puntos fuertes y/o sobrestimar los débiles. Este tipo de actitud no resultará nada beneficiosa a la hora de buscar un trabajo, pues, como ocurre siempre en la vida, hay que saber encontrar el oportuno término medio.

La clave está en el autoconocimiento: tanto si te dedicas a construir rascacielos como si estás detrás de un mostrador, no lograrás sacar el máximo partido de tus cualidades hasta que no conozcas a fondo tus defectos.

MARK H. MCCORMACK,
The 110% Solution

La personalidad de los buscadores de empleo

A los psicólogos les encanta clasificar a las personas porque esto les ayuda a formular premisas generales que expliquen nuestras costumbres, nuestra personalidad, nuestras actitudes y nuestro comportamiento. A modo ilustrativo, voy a realizar lo mismo: echaremos un vistazo a varios tipos de personalidad y su forma de actuar ante la búsqueda de empleo y durante la entrevista. Te sentirás reconocido en algunas de las características descritas. Éste es el principal objetivo del siguiente ejercicio: ayudarte a pensar sobre tu propia personalidad, tus puntos fuertes y débiles.

Los directos: debido a su inherente honestidad e integridad, los directos siempre dicen la verdad y nada más que la verdad a los entrevistadores. No saben cómo hacer resaltar sus puntos fuertes y tapar los débiles. En el juego laboral casi siempre salen perdiendo.

Los profesionales: lo hacen todo bien, desde la preparación para enfrentarse a una entrevista hasta el «muchas gracias» final, saben lo que quieren oír los entrevistadores. Son los ganadores en este juego. Espero que después de leer este libro, y con alguna práctica, te conviertas en uno de ellos.

Los artistas del timo: casi nunca están cualificados para desempeñar los trabajos a los que se presentan, pero es fácil que lo consigan ya que son maestros en el arte de entrevistarse y de manipular a la gente.

Los epicúreos: sí que saben disfrutar de la vida. Trabajan para vivir y no se preocupan de hacer horas extras ni de los objetivos de la empresa. No son particularmente ambiciosos.

Los adictos al trabajo: al contrario que los epicúreos, para ellos sólo cuenta el trabajo y no el tiempo libre. Sacrifican cualquier cosa por el trabajo. Los empresarios los adoran, claro está.

Los maquiavélicos: el credo de los maquiavélicos reza así: «el fin justifica los medios». Pueden ser artistas del timo o profesionales. Las otras tipologías rara vez adoptan esta filosofía. Los maquiavélicos llegan a realizar grandes cosas, pero en su camino hacia la victoria usan y abusan de todo y de todos los que les puedan ayudar a alcanzar la cima.

Lo que tú tienes que hacer en una entrevista es convencer al entrevistador de que eres una persona a medio camino entre el **directo** y el **adicto al trabajo**. De todas formas, el propósito de este libro es ayudarte a convertirte en un profesional de las entrevistas, independientemente de cuál sea tu filosofía de vida.

Fichas de autoevaluación: cómo hacer uso de ellas

En las páginas siguientes encontrarás ejemplos de fichas de auto-asesoramiento básico. Cópialas y después haz una breve valoración de cada uno de tus puntos fuertes o débiles. Utiliza expresiones breves, tales como **bien o buen comienzo**, si crees que cumples con alguna característica en particular; **mejorar**, si piensas que necesitas tiempo para mejorar en esa área, o **muy bien** si piensas que eres muy fuerte en ese campo. Por ejemplo:

Capacidad para asimilar conceptos:	En los cursos realizados, en el trabajo - BIEN
Talento directivo:	Experiencia en supervisión, cursos de dirección - BUEN COMIENZO
Experiencia:	Limitada, dos años en un departamento de contabilidad - BUEN COMIENZO
Capacidad de trabajar bajo presión:	Sí, cuando hay trabajo urgente - BIEN
Iniciativa:	Ocasionalmente, no es muy frecuente - MEJORAR
Idiomas:	Alta capacidad para aprender idiomas - MUY BIEN
Autoestima:	Generalmente alta, a veces baja - MEJORAR
Expediente escolar y universitario:	Buenas notas - BIEN
Malas referencias	Nada que destacar - BIEN

Si piensas que las fichas que aquí proporcionamos no se ajustan a tu caso en particular, puedes crear las tuyas propias o añadir más puntos fuertes o débiles al final de cada ficha. Hagas lo que hagas, debes ser sincero contigo mismo. Nadie más debe ver estas fichas, guárdalas en un lugar seguro y actualízalas paulatinamente o rellena unas nuevas a medida que vayas progresando y los puntos débiles vayan desapareciendo.

Una vez terminadas las fichas de autoevaluación, encontrarás un ejemplo de ficha de análisis de la experiencia laboral que utilizarás para analizar tus experiencias laborales pasadas. Esta información te será muy útil en la preparación de una entrevista. Utiliza una ficha distinta para cada trabajo realizado o para cada grupo de tareas que tengan que ver entre sí. La realización correcta de la evaluación facilitará, en el capítulo 6 de este libro, la preparación de las respuestas ante las preguntas que suelen hacerse en una entrevista de trabajo.

En este caso también puedes modificar la ficha según tus preferencias, o bien crear una nueva. Aquí lo que importa no es la forma sino el fondo.

Antes de analizar las experiencias pasadas y completar las fichas, lee el capítulo 6 y extrae unas ideas básicas sobre:

- ✎ Las áreas que interesan al entrevistador.
- ✎ Las típicas preguntas en una entrevista.
- ✎ Las razones por las que el entrevistador plantea esas cuestiones.
- ✎ Modelos de respuesta, que deben ser tomados como punto de partida para crear tus propias respuestas.

Cuando analices y clasifiques las tareas que desempeñaste en el pasado, las experiencias y los logros alcanzados, intenta agruparlos y evaluarlos a partir de factores puntuales, tales como la iniciativa, la integridad, la capacidad de aprendizaje, la adaptabilidad, la planificación y el control, rendimiento, etc. Las preguntas que aparecen en el capítulo 6 están basadas en estos factores. El autoanálisis servirá para encontrar ejemplos de tu vida real que puedan encajar en cada uno de estos factores. Por ejemplo, los casos que debes considerar más importantes son:

- ✎ Cuando conseguiste mejores resultados de lo que esperabas.
- ✎ Cuando fallaste a pesar de poner todo tu interés en hacerlo bien.
- ✎ Cuando alcanzaste el éxito debido a tu perseverancia.

- Cuando pusiste en funcionamiento, de forma satisfactoria, la idea de otra persona.
- Cuando pusiste en funcionamiento, de forma satisfactoria, tu propia idea.
- Cuando tomaste una decisión difícil.
- Cuando hiciste más de lo que se te pedía.
- Cuando fallaste / lograste el éxito a causa de una mala / buena planificación.
- Cuando tuviste la sensación de que podrías haber hecho un trabajo mejor.
- Cuando tuviste que ir en contra de las normas establecidas para sacar adelante un trabajo o alcanzar un objetivo planificado.

Al finalizar el análisis objetivo (sé sincero contigo mismo), identifica las áreas y los errores que conviene mejorar. El último paso será encontrar la forma de resaltar aquellas cosas que has hecho bien y tapar las que no, para amortiguar el impacto que hayan podido causar tus errores en los entrevistadores.

> Aunque sea cierto, nunca confieses que hiciste algo egoísta, tonto, ilegal, peligroso, o que actuaste de forma irresponsable, impulsiva, o contra las normas establecidas. La sinceridad absoluta y la franqueza son unas cualidades muy apreciadas en todo momento, excepto en una entrevista de trabajo.

ELIMINAR LOS PUNTOS DÉBILES Y NEUTRALIZAR OTROS OBSTÁCULOS

En una entrevista de trabajo el seleccionador querrá conocer todos los detalles, no sólo acerca de tus logros, tu conocimiento y tus aspectos positivos, sino también sobre tus defectos, tus limitaciones y tus puntos débiles. Por eso, lo primero que hay que hacer antes de una entrevista es descubrir cuáles son tus fallos y eliminarlos, transformarlos en algo positivo o minimizar su importancia frente a las cualidades (algo parecido a «el ataque es la mejor forma de defensa»).

FICHA DE AUTOEVALUACIÓN N.º 1

Mis puntos fuertes y mis recursos

Independencia o trabajo en equipo

Autoimpulso

Buenas aptitudes para la comunicación

Disposición al aprendizaje

Talento directivo

Experiencia

Capacidad de trabajar bajo presión

Iniciativa

Fiabilidad y responsabilidad

Flexibilidad

Cooperación, facilidad para compartir un trabajo

Persistencia

Decisión

Capacidad para delegar

Capacidad de observación

Innovación

Lealtad

Esta página se puede fotocopiar.

FICHA DE AUTOEVALUACIÓN N.º 2

Mis puntos débiles y mis impedimentos

Lenguaje pobre

Baja autoestima

Falta de experiencia

Expediente escolar y universitario mediocres

Malas referencias de los anteriores jefes

Inmigrante o miembro de una minoría étnica

Impedimentos físicos o mentales

Educación insuficiente

Dificultad de comunicación

Dificultad para enfrentarse a una entrevista

Ineficacia y falta de método

Demasiada especialización

Conocimientos y experiencia generales

Tendencia a la indecisión

Falta de empuje/ambición

Falta de planificación

Falta de autodisciplina

Salud precaria

Esta página se puede fotocopiar.

Ficha de análisis de la experiencia laboral

Empresa:

Fecha:

Caso:

Situación:

Tareas a desempeñar:

Resultados:

Logros:

Errores cometidos:

Causas de dichos errores:

Lección aprendida:

Esta página se puede fotocopiar.

Cuando tengas que hablar con el entrevistador sobre los fallos cometidos (redúcelos al mínimo) señala que has aprendido mucho de ellos e insiste en que nunca más se volverán a repetir. Ésta es la mejor manera de neutralizar el impacto negativo que hayan podido tener tus antiguos errores.

Lo ideal es intentar cambiar a mejor y para lograrlo hay que tener en cuenta dos cosas: la primera es que se tarda muchísimo tiempo en cambiar, y la segunda es que se necesita determinación, perseverancia y trabajo muy duro, requisitos que casi nadie cumple.

Si eres valiente y optas por un cambio radical, lo primero que tienes que hacer es ir a una biblioteca y estudiar todos los libros de autoayuda que haya. También puedes asistir a un curso sobre motivación y autoaprendizaje. Los obstáculos que te encuentres actúan en el mismo sentido que tus puntos débiles, ambos están en contra de ti.

Aquí van algunas de las trabas que conviene eliminar, neutralizar o reducir:

Complejo de inferioridad

> *No tengo complejo de inferioridad y no me dan miedo los nombres rimbombantes. Cuando estoy frente a gente importante siempre me recuerdo a mí mismo que todo el mundo usa papel higiénico.*
>
> ROBERT MAXWELL

No necesito añadir más. Dicho de otra forma: no hay que temer a nadie, ni sobrestimar a nadie, ni sentirse intimidado por nadie. Hay que saber conservar la autoestima y no dejar nunca de creer en las propias cualidades. No hay que olvidar nuestra valía, incluso conviene exagerar un poco, para evitar que baje nuestra autoestima y lleguemos a dudar de nosotros mismos.

La balanza del poder

> *El precio de nuestras cualidades no depende del mérito propio, sino de la oferta y la demanda.*
>
> GEORGE BERNARD SHAW,
> «Socialism And Superior Brains»,
> en *Fortnightly Review,* abril 1894

En estos días, muchas personas que buscan empleo piensan que con un mercado del trabajo en recesión, sumado a la creciente competencia en todos los trabajos y a la afluencia de candidatos con una gran preparación dispuestos a trabajar por muy poco dinero, son los empresarios quienes dictan las normas. Pero esto sólo es verdad en parte.

Si ponemos en marcha las estrategias adecuadas, planificamos y preparamos la entrevista de forma sistemática, haciendo uso de todos los medios a nuestro alcance, disminuiremos los aspectos negativos de un mercado de trabajo reducido. Los seleccionadores buscan a los mejores profesionales y normalmente están dispuestos a hacer un esfuerzo para cazarlos.

La mayoría (más o menos el 80 por 100) de la gente que solicita el empleo que tú quieres no consigue pasar de la primera etapa, la del currículum. No tienen ninguna posibilidad. Del otro 20 por 100 saldrá una lista muy breve de personas, aquellos que están cualificados y tienen experiencia. Tu primera meta es estar en esa lista y para eso necesitas un buen currículum. Todo lo demás lo encontrarás en este libro.

Competidores

Nunca minusvalores la cualificación y los puntos fuertes de tus oponentes. Prepárate a fondo para enfrentarte a la entrevista. Ten en cuenta todas las posibilidades, especialmente lo que pueda salir mal, precisamente porque hay muchas probabilidades de que así ocurra. No olvides que la búsqueda de trabajo, sobre todo la entrevista, es puro darwinismo: sólo los candidatos que estén en mejor forma sobrevivirán y obtendrán el puesto de trabajo. Por otra parte, puede ser contraproducente dar demasiada importancia al proceso de selección, ya que corres el peligro de que baje tu autoestima y tus probabilidades de éxito.

En resumen, confía en ti y no te compares con los demás, compárate contigo mismo. Sigue intentando mejorar tus aptitudes y habilidades, especialmente en lo que se refiere a técnicas de comunicación y comportamiento durante la entrevista.

> En un proceso de selección todos cometemos errores. Tú sólo tienes que intentar cometer menos errores que tus oponentes.

LA MEJORA DE LAS APTITUDES PARA LA ENTREVISTA Y EL RENDIMIENTO DURANTE LA MISMA

Una cosa que deben saber todos aquellos que buscan trabajo es que el producto que se solicita en el mercado de trabajo no es otro que sus propias cualidades. Así, las cualidades son comparables a otros productos en el mercado. Su valor sube o baja dependiendo de la oferta y la demanda, es decir, depende de cuánta gente compra o vende acciones (ofrecen o buscan trabajo) y a qué precio (cuánto dinero están dispuestos a percibir o a ofrecer por la prestación de unos servicios).

No dejes de mejorar tus aptitudes y de hacer que éstas se «revaloricen». Por aptitudes entendemos conocimiento profesional y «saber hacer», así como disponer de recursos para enfrentarse satisfactoriamente a un proceso de selección (redacción del currículum, entrevista y planificación laboral). Tus aptitudes para buscar trabajo no tienen valor para los seleccionadores, pero sí que lo tienen para ti. Son una herramienta para venderte porque te ayudarán a mostrar tus habilidades reales, tu conocimiento y tu experiencia.

Tus cualidades para enfrentarte a una entrevista son probablemente lo más importante en todo el proceso, pero, desgraciadamente, también lo más difícil de mejorar. Lo mejor de todo es que son transferibles, se pueden aplicar a la vida real. No estamos hablando de las cualidades y habilidades que caen del cielo, sino de algo que tiene que ver con el sentido común, como es el hablar con otras personas, escucharlas o interactuar con ellas. Hablamos de las técnicas fundamentales para tratar con las personas.

En la vida real, lo normal es que no veamos inmediatamente las consecuencias de poner en marcha (o no poner en marcha) nuestras aptitudes para relacionarnos con la gente. Pero en las entrevistas los resultados son inmediatos, existen solamente dos consecuencias posibles: que obtengamos el trabajo o que no lo obtengamos. Es más fácil medir la actuación ante una entrevista si la comparamos con lo que se considera una actuación normal y con las expectativas creadas antes de que se celebre la misma. El propósito de este libro es explicar y analizar eso que se considera normal y asesorarte sobre las tácticas mejores a tu disposición, así como cuándo y cómo ponerlas en práctica.

El siguiente paso es recordar algunas aptitudes básicas para la entrevista y la forma de mejorarlas.

Aprende a escuchar

La mayor parte de la gente no sabemos escuchar. Pasamos largos períodos de tiempo sin escuchar a nadie. Solemos hablar de nosotros mismos e interrumpir a los demás sin esperar a que terminen. Y, si no interrumpimos, es que no prestamos atención a lo que dicen los otros, porque estamos ocupados pensando en lo que vamos a decir a continuación. Es mucho peor que hablar demasiado porque, en este caso, ni se habla ni se escucha nada.

En las entrevistas de trabajo hacer esto es pecado mortal. Hay que escuchar atentamente, no sólo lo que dicen los entrevistadores, sino cómo lo dicen. No se trata de oír simplemente, sino de escuchar de una forma activa. Saber escuchar es probablemente una de las más valiosas cualidades que se pueden tener.

Recuerda las siguientes normas:

- ✎ No saques ninguna conclusión hasta que el entrevistador haya terminado su frase.
- ✎ Nunca jamás interrumpas a quien te entrevista, incluso si estás en completo desacuerdo con él o ella.
- ✎ No descartes la información que no quieres escuchar o que no te gusta.
- ✎ Ten en cuenta la idea general, no los detalles.
- ✎ Si la persona que entrevista habla despacio, no dejes que tu mente se vaya por otros derroteros. No te eches a dormir, aprovecha ese tiempo para analizar el contenido del mensaje y así poder anticiparte a lo que va a decir. Sopesa mentalmente lo que estás escuchando, piensa en los principales puntos de lo que te están diciendo y escucha «entre líneas» para sacar tus propias conclusiones.
- ✎ Si la forma de hablar es incorrecta, no te concentres en los errores sino en el contenido del mensaje.
- ✎ Evita las distracciones. Mantén la atención.

Ten en cuenta el tiempo

El principal problema en una entrevista es el tiempo. El entrevistador tiene que evaluar todos los aspectos de los candidatos en una cantidad de tiempo estrictamente limitada, una hora poco más o menos. Por otra parte, tú tienes que convencerte de que eres la persona idónea para el trabajo y para eso sólo dispones de una hora escasa. En consecuencia, ambos debéis tener en cuenta el tiempo.

Los entrevistadores experimentados ya saben cuánto tiempo pueden invertir en cada pregunta y para cada área y cuestión en particular. Tú también debes dominar este aspecto. El control del tiempo está en tus manos porque se tarda mucho más en contestar a las preguntas que en plantearlas. Debes estar atento al entrevistador procurando ceñirte a los límites de tiempo permitidos.

Las respuestas no deben ser ni muy largas ni muy cortas. Si son muy cortas obligarás al entrevistador a hacerte más preguntas y el diálogo no será fluido. Habrá muchas pausas y parecerá que la entrevista consiste sólo en hacer preguntas. Por otra parte, si tus respuestas son muy largas, el entrevistador pensará lo siguiente:

- ✎ El candidato no es capaz de distinguir la información importante de la que no lo es.
- ✎ No me respeta ni a mí ni a mi tiempo.
- ✎ Me aburre soberanamente.
- ✎ Esta persona no será capaz de guardar secretos o información confidencial, no se puede confiar en ella.

Una vez comenzada la entrevista, debes tener una idea clara de cuánto tiempo puedes dedicar a cada respuesta y en qué momento deberás hacer preguntas importantes. No seas rígido. Únicamente recuerda el viejo dicho: el tiempo es oro, afirmación especialmente cierta en el caso de las entrevistas de trabajo.

Mejora tu vocabulario

La capacidad de expresión, especialmente a través del lenguaje hablado, es algo excepcionalmente importante. Las palabras son muy valiosas. Si se utilizan de forma sensata son de gran ayuda en el camino hacia la cima.

Nos relacionamos con la gente y comunicamos nuestros sentimientos a través de la palabra. Además, las palabras son la mejor herramienta para influir y controlar a la gente.

Tu vocabulario eres tú, es tu huella digital. Si quieres mejorar tu imagen y tus posibilidades de éxito, intenta aumentar constantemente tu vocabulario.

> **Es mucho más importante cómo decimos las cosas que lo que realmente decimos.**

Al contrario de lo que ocurre con el aprendizaje de la sintaxis y las reglas gramaticales del castellano, el aprendizaje del vocabulario puede resultar divertido. Puedes hacerlo mediante el procedimiento convencional, como es el de estudiar libros de texto y enciclopedias, o de manera informal, apuntando cada palabra que desconozcas mientras lees un libro, una revista o incluso al ver la televisión. Después acude al diccionario y busca su significado intentando recordar en qué contexto fueron pronunciadas.

El vocabulario de una persona media deja de aumentar cuando alcanza los 25 años. En consecuencia, es necesario hacer este esfuerzo extra y empezar a conseguir un mayor conocimiento de las palabras.

3

SABER VENDERSE

Todo el mundo vive de vender algo.

ROBERT LOUIS STEVENSON

EL ASPECTO PERSONAL

La búsqueda de empleo es como un campeonato de fútbol: cuando redactas el currículum y solicitas un trabajo estás en cuartos de final. Si pasas de cuartos de final, llegas a jugar la final: la entrevista de trabajo. En el papel no es difícil ser un ganador, pero en las situaciones de la vida real se distinguen con mayor nitidez las diferencias, y tu aspecto personal contribuirá a marcar esas diferencias.

Los autores de algunos libros de autoayuda dedican de diez a veinte páginas a cómo vestirse para lograr el éxito. Con todos los respetos, lo encuentro ridículo. Cada cual tiene su propio estilo, la moda cambia cada año más o menos, en los distintos países se viste de forma distinta, en cada puesto de trabajo habrá una normativa diferente y cada directivo dará distinto valor a la forma en que nos vestimos.

No obstante, hay algunas normas de sentido común, como son las siguientes:

1. Viste siempre limpio y bien aseado. Atención al pelo, uñas y dientes. Tienes que dar sensación de limpieza.

2. Nunca lleves demasiadas joyas, especialmente anillos de gran tamaño, pulseras, broches o cadenas de oro. En hombres, quedan terminantemente prohibidos los pendientes.

3. No lleves pantalones cortos a una entrevista, no querrás parecer el típico vendedor de coches norteamericano ni un político en vísperas de elecciones (a menos que seas uno de ellos).

4. Nunca te quites la chaqueta a no ser que te veas obligado a ello, la chaqueta da más autoridad.

5. Dependiendo del trabajo para el que te presentes, lleva una buena cartera, preferentemente negra de piel, resaltará sorprendentemente tu imagen. Este punto es especialmente importante para los economistas, abogados, ingenieros, directores y otros profesionales.

6. Lleva siempre un reloj de pulsera, te proporcionará una imagen de hombre o mujer de negocios y dará a entender discretamente al entrevistador que tu tiempo también es valioso. Pero atención, nunca mires el reloj, hacer esto es un pecado mortal porque pensarán que estás ansioso por terminar y que el trabajo no te interesa realmente.

7. Los hombres deberán llevar una corbata cara de seda natural o similar. Una corbata bonita contribuye a una buena imagen más de lo que se piensa ya que muchos trajes masculinos son prácticamente iguales. Cíñete a modelos conservadores con un toque de originalidad. No se recomienda llevar pajaritas o corbatas de piel (excepto a camareros y magnates del petróleo).

> **Viste de la forma que creas que más te favorece.**

Nunca sigas las reglas si éstas no se ajustan a tu personalidad. No tiene sentido aconsejar, como hacen algunos consultores, el negro o el azul oscuro. Es posible que el azul oscuro no te favorezca. Sigue tus propios gustos o consúltale a tu marido, a tu mujer o a tu mejor amigo. Siempre se agradece un consejo objetivo.

Si tienes que renovar tu vestuario y necesitas un traje nuevo, invierte tu dinero de forma sensata. Cómprate ropa de buena calidad, será un dinero bien invertido. Si quieres dar una impresión de primera, nunca lleves ropa de segunda clase.

Es aconsejable tener al menos dos modelos distintos, por lo que pueda pasar. Además, si acudes a la segunda o tercera entrevista con el mismo seleccionador, deberás vestir ropa distinta, de lo contrario puedes dar la impresión de ser la típica persona que suplica un trabajo, que sólo tiene un traje, tímida, falta de originalidad y con un comportamiento rígido y predecible.

No guardes los modelos sólo para ir a las entrevistas, póntelos para salir al teatro o a cenar, esto hará que te sientas más cómodo con ellos y te ayudará a comportarte en la entrevista de un modo más relajado y natural.

HABLAR DE UNO MISMO

> *El hombre es como el conejo, a ambos se les atrapa por las orejas.*
>
> BLAISE PASCAL

Acudimos a una entrevista de trabajo para convencer al futuro jefe de que somos los más apropiados para el puesto, aunque de hecho no lo seamos.

El éxito en una entrevista está determinado no tanto por el conocimiento y experiencia reales como por la habilidad para promocionarse y venderse uno mismo.

Para conseguir esto es necesario presentarse a la entrevista de forma apropiada, explicar lo que se hizo en el pasado y lo que se podrá hacer en el futuro por la empresa, en caso de ser seleccionados para el trabajo. Hablar es muy fácil, cómo llegar a conseguirlo es otra historia.

Para algunas personas es difícil hablar de sí mismas y se sienten incómodas cuando se ven obligadas a hacerlo. Si quieres llegar a ser un «profesional de las entrevistas», tendrás que aprender a hablar de ti mismo de la forma más efectiva, sin falsa modestia pero sin alardear demasiado.

Existen algunas reglas básicas a tener en cuenta en una «autopresentación». Estúdialas con detenimiento y consérvalas en la memoria. El esfuerzo merecerá la pena, créeme.

1. Habla siempre bien de tus antiguos jefes.
2. Sé una persona orientada hacia el futuro o al menos procura dar la impresión de serlo.

3. Elige cuidadosamente tus palabras.

4. Evita hacer preguntas inoportunas.

5. Escucha atentamente al entrevistador e intenta contestar exactamente a lo que ha dicho.

6. A algunos entrevistadores les gusta hablar sobre sí mismos. Deja que lo hagan.

7. Desarrolla y utiliza tu propio estilo para lograr una actuación perfecta.

8. Nunca discutas con el entrevistador.

9. Habla siempre en función de lo que piensa la otra persona.

10. Prepárate para hablar de tus errores y de tus defectos.

11. Valórate a ti mismo, no seas un «suplica-trabajos».

Ahora vamos a analizar cada uno de estos puntos por separado.

Habla siempre bien de tus antiguos jefes

Nunca admitas que tu jefe fue injusto contigo, que no te gustaba el ambiente de trabajo en tu empleo anterior ni la gente con la que trabajabas, guárdatelo para ti. Piensa en aquellos aspectos positivos que puedas decir sobre tu antigua empresa y recuerda que debes dar siempre una impresión de sinceridad, incluso cuando disfraces la realidad, ya que lo haces para tu propio beneficio.

Ahora voy a contarte la historia de un jefe de personal que estaba entrevistando a varios candidatos para el puesto de supervisor en una tienda.

Tras las entrevistas iniciales, pasaron dos candidatos a la prueba final. Después de hablar con el primer candidato, el entrevistador ya no tenía más preguntas que hacer. Pero al final de la entrevista, el candidato le preguntó: ¿qué me puede decir de la gente que trabaja aquí?, ¿cómo son los trabajadores? Y el jefe de personal, que no supo qué decir, le contestó con otra pregunta: ¿y cómo era la gente en la última empresa en la que usted trabajó?

El candidato miró al jefe de personal y le dijo: «La gente que había en la empresa en la que yo trabajaba eran malas personas, no eran nada cordiales, yo no me encontraba bien allí. Los directivos no respetaban a los empleados y éstos, a su vez, resultaban muy difíciles de supervisar. No eran buena gente. Por esa razón me gustaría empezar a trabajar en su empresa.»

El entrevistador miró fijamente al candidato y le dijo: «En fin, mucho me temo que la mayor parte de la gente que trabaja aquí es exactamente igual. Eso que usted busca es imposible de encontrar.»

Después de entrevistar al segundo candidato y de hacerle preguntas similares sobre el trabajo y hablar sobre los planes futuros de la empresa, el jefe de personal dijo: «Hábleme de las personas con las que trabajaba y sobre los empleados a los que supervisaba.»

«Quienes trabajaban en mi anterior empresa eran personas muy simpáticas y cordiales. No tuve problemas en mi trabajo como supervisor. Con ellos pasé muy buenos ratos. Sin embargo, las oportunidades eran muy limitadas, por eso busco un nuevo puesto en una empresa como la suya. No fue fácil dejar mi anterior empleo, pero no tenía elección.»

«Estamos de suerte», dijo el entrevistador, «porque ése es exactamente el tipo de gente que trabaja en esta empresa. Te gustarán y tú les gustarás a ellos. Bienvenido a bordo.»

> **Siempre encontramos exactamente lo que buscamos.**

Sé una persona orientada hacia el futuro o, al menos, procura dar la impresión de serlo

Muchos candidatos piensan que los seleccionadores están fundamentalmente interesados en su pasado. Y lo están, pero sólo porque creen que analizando el pasado podrán predecir la conducta y la forma de actuar en el futuro.

Digas lo que digas sobre tu educación y experiencia, dilo de forma que convenzas al entrevistador de que:

✎ Controlabas los acontecimientos.
✎ Sacaste algún provecho de aquellas situaciones.
✎ Puedes hacerlo igual de bien en tu nueva empresa.

El ser una persona orientada hacia el futuro significa proyectar una sensación de propósito y de dirección. A los empresarios les gusta mucho y valoran en gran medida este tipo de actitud.

Elige cuidadosamente tus palabras

Para aparecer ante los ojos del entrevistador como una persona competente, eficaz e íntegra, hay que utilizar palabras fáciles de comprender, cortas y explicativas, palabras que evoquen directamente una imagen y que resulten adecuadas a la situación. Si se utilizan palabras equivocadas, inapropiadas o confusas, el entrevistador pensará que:

✎ Eres una persona aburrida y sosa.

✎ Estás lleno de ti mismo y te resultará difícil trabajar con los demás.

✎ En realidad no tienes ni idea de lo que estás hablando.

✎ Hablas en términos generales y eres incapaz de poner ejemplos tomados de la vida real.

Para mantener la atención del entrevistador es necesario saber elegir las palabras.

Evita hacer preguntas inoportunas

Victor Kiam, uno de los empresarios con más éxito, en su libro titulado *Going for it!,* dice así:

> *Si estás buscando un nuevo puesto de trabajo que te ofrezca mayor seguridad, nunca dejes que la empresa piense que ya estás soñando con la jubilación. No hace mucho tiempo un joven, al término de una entrevista me preguntó qué planes de pensión ofrecía la empresa. Tenía unos 25 años.*
> *Yo le contesté: «Mira hijo, nunca lo sabrás».*

No olvides que una sola pregunta desafortunada puede eliminarte completamente del juego. Si no tienes claro el impacto que una pregunta tendrá en el entrevistador, no la hagas. Pero si no hay nada que ganar ni que perder, adelante.

Lo verdaderamente difícil es tomar esa decisión en cuestión de segundos. Aquí es donde entra en juego tu experiencia en entrevistas y tu intuición. Sin embargo, la entrevista no es una cuestión matemática, por eso mi consejo es que confíes en tu propio instinto.

Escucha atentamente al entrevistador e intenta contestar ajustándote a lo que ha dicho

Imagina que el entrevistador dice, al comenzar la entrevista, que el puesto requiere a alguien enérgico, que sea capaz de trabajar duro y que se comprometa con su trabajo. Más tarde deberás utilizar esta valiosa información a la hora de responder a las preguntas.

Por ejemplo, si la pregunta es ¿cuáles fueron las razones del éxito en ese proyecto?, deberás responder: «Trabajé muchas horas en él porque me comprometí a terminarlo. El trabajo requería un gran desgaste de energía, pero yo siempre doy el todo por el todo». El entrevistador pensará: «Éste es el tipo de persona que quiero».

Esta técnica es una de las más útiles en una entrevista.

A algunos entrevistadores les gusta hablar sobre sí mismos. Deja que lo hagan

Hace algunos años acudí a una entrevista para un puesto de ingeniero en una de las empresas más grandes de Australia. El ingeniero jefe era un tipo muy cordial, me sentí muy a gusto con él y la entrevista me salió bastante bien. Fue probablemente la entrevista más fácil de toda mi vida. ¿Por qué? Pues porque el entrevistador habló todo el tiempo y yo no dije más de dos palabras.

Me explicó el trabajo, la historia de la empresa, sus planes, las oportunidades de ascenso y demás. ¿Le interrumpí? Claro que no. Después de una hora aproximadamente nos despedimos como dos buenos amigos. Una semana después fui invitado de nuevo a la oficina y me presentó a mi futuro jefe. Esta vez ocurrió exactamente lo mismo. Me ofrecieron el trabajo sin ningún esfuerzo. Los caminos del Señor son inescrutables.

Desarrolla y utiliza tu propio estilo para lograr una actuación perfecta

El estilo hace al hombre.

ROBERT FROST

El estilo es algo difícil de definir, sin embargo la gente lo nota como si fuera algo palpable. En el mundo laboral, el estilo es un factor muy importante en la representación de tus ideas porque te ayuda a hacer llegar tu mensaje de forma adecuada o a producir una buena impresión.

El estilo tiene mucho que ver con la personalidad y la clase socioeconómica. Se pone de manifiesto en la forma de andar, de hablar, por el vocabulario, el sentido del humor, los modales, la ropa, la sonrisa y los gestos.

Es difícil cambiar de estilo aunque no imposible. Requiere práctica y autocontrol. Hay muchos libros de autosuperación que tratan el tema. Léelos, no tienes nada que perder pero sí mucho que ganar. Todo lo demás corre de tu parte.

Nunca discutas con el entrevistador

No dejes que tu amor propio arruine tus probabilidades de éxito. Nunca discutas o pongas en duda el punto de vista del entrevistador.

A algunos compañeros de universidad los recuerdo no porque fuéramos amigos o por su gran inteligencia, sino porque eran los que solían discutir con los profesores y éstos, a su vez, sentían cierto rechazo hacia ellos. Al final, aprobaban los exámenes pero con mucha más dificultad que el resto. Alguien se había cobrado la revancha.

En una entrevista no puede haber revancha, pero, si actúas así, ten por seguro que no obtendrás ese trabajo. Expresando tus puntos de vista y criticando o cuestionando aquello que dice el entrevistador conseguirás desahogarte y sentirte bien por un momento, pero a largo plazo las consecuencias son peores.

Habla siempre en función de lo que piensa la otra persona

Cada uno de nosotros podríamos hablar sobre nosotros mismos durante horas y horas porque somos nuestro tema favorito de conversación. Sin embargo, el entrevistador no está interesado directamente en ti, todo lo que quiere saber es:

- ✎ ¿Estás cualificado para el trabajo?
- ✎ ¿Puedes hacer ese trabajo?
- ✎ ¿Harás ese trabajo?

Así que el propósito de una entrevista es decir lo más posible sobre nosotros mismos de forma organizada y lógica. De esta manera convenceremos a la persona que se sienta al otro lado de la mesa de que podemos hacer el trabajo mejor que cualquiera de los demás candidatos.

Piensa siempre en lo que quiere el entrevistador, qué tipo de persona busca para el puesto, qué rasgos le gustan de la gente y cuáles no, qué factores considera importantes para un buen rendimiento en el trabajo y cosas por el estilo.

> **Habla siempre desde el punto de vista de los intereses del entrevistador.**

El principio enunciado más arriba es aplicable no sólo a las entrevistas de trabajo, sino también a cualquier tipo de relación humana. A continuación relato una pequeña anécdota que me gustaría que tuvierais en cuenta al hablar con otras personas:

Una señora mayor y su nieto fueron a comprar un coche. En el primer concesionario que entraron el vendedor preguntó a la señora: «¿En qué tipo de coche ha pensado usted, señora?». «Bueno, querría un coche que me llevara a la biblioteca varias veces por semana», contestó ella. «Cualquiera de estos coches le llevarán a la biblioteca», dijo el vendedor. La señora y su nieto echaron un vistazo a su alrededor y, al final, abandonaron el lugar sin comprar el coche.

En el segundo concesionario alguien hizo a la señora la misma pregunta: «¿Qué tipo de coche querría?». «Necesito un coche para ir a la biblioteca varias veces a la semana.» «Eso no tiene ninguna importancia», dijo el vendedor, «debería pensar en el espacio, calidad y prestaciones del vehículo y también en su bolsillo». Y se marcharon otra vez sin haber comprado nada.

En el tercer concesionario, la señora dijo: «Necesito un coche que me lleve a la biblioteca». «Ya veo», contestó el vendedor, «me imagino que está buscando un coche para trayectos cortos y para viajar normalmente de día, ¿no es así?». «Eso es exactamente lo que busco», replicó la señora. «Así que usted necesita un coche pequeño, compacto, fácil de conducir y fácil de aparcar». «Eso es», dijo la señora. «No estoy seguro de que tengamos algo así», dijo el jefe, «espere un momento, voy a comprobarlo». A los cinco minutos volvió con una sonrisa: «tenemos un coche para usted, señora. ¿Quiere probarlo?»

La señora dio una vuelta a la manzana con el coche y 15 minutos más tarde, después de firmar los papeles, condujo felizmente hacia la biblioteca.

Prepárate para hablar de tus errores y de tus defectos

> *Equivocarse es humano pero perdonar no entra en la política de la empresa.*
>
> Anónimo dirigido a los ejecutivos
> de una compañía

Durante mucho tiempo estuve convencido de que la única cosa que los empresarios querían saber de mí eran mis logros, mis aptitudes y las tareas que podría desempeñar con éxito. Cuando se tiene muy poco tiempo para impresionar al entrevistador, es normal que quemes todos tus cartuchos y le hables de tus puntos fuertes y todas las cosas buenas que puedes hacer por la empresa. Sin embargo, la realidad era bastante diferente. Los entrevistadores también querían conocer los errores que había cometido en el pasado, los trabajos y proyectos que podía haber hecho mejor y las áreas en las que necesitaba mejorar.

En consecuencia, cuando te pregunten sobre algunos errores que hayas cometido, debes seleccionar la información menos perjudicial para ti y presentarlos como un hecho del que sacaste alguna conclusión positiva. Los entrevistadores creerán que eres de esas personas que nunca repiten sus errores y que en cada situación intentas dar lo mejor, especialmente en tus relaciones con los demás.

El error más grande que puedes cometer en una entrevista es asegurar que nunca has cometido ningún error. ¿Y esto por qué?

Los empresarios quieren contratar gente que haya ganado y que haya perdido. Esa experiencia proporciona a los candidatos la fuerza y el conocimiento sobre cómo manejar una situación difícil y la capacidad de realizar un trabajo mejor la próxima vez, ya que no repetirán los mismos errores.

La gente que nunca comete errores y que no ha tenido que saltar barreras se caerá de narices en el momento en que tropiece con el primer obstáculo. Los empresarios no quieren pagar tus errores y no están dispuestos a financiar tu «educación». Prefieren gente cuyos errores fueron asumidos por la empresa donde anteriormente trabajaban.

Si hablas abiertamente sobre situaciones que te salieron mal, sobre errores que cometiste o sobre aquella vez que no fuiste capaz de hacer las cosas bien, los entrevistadores te creerán con más facilidad cuando hables de tus logros y otros aspectos positivos. Esto te ayudará a establecer una relación de confianza con el entrevistador y reforzará tu credibilidad. Pero, de todas formas, no es necesario que seas absolutamente directo y cuentes la verdad y nada más que la verdad. La verdad es un término muy relativo y como tal debe ser utilizado. Nunca des voluntariamente ninguna información que te haga parecer estúpido o descuidado, incompetente o inexperto.

Valórate a ti mismo: no seas un «suplica-trabajos»

Muéstrate siempre como una persona esencial, ésta es mi regla de oro.

Sir JOHN BJELKE-PETERSEN

Los errores más gordos que cometí cuando comenzaba a buscar trabajo fueron los siguientes:

- Presentarme a los entrevistadores como «suplica-trabajos», no como una persona que «selecciona» sus trabajos. Esperaba que las empresas me seleccionaran y me dieran el trabajo, en vez de escoger la empresa con la que yo quería trabajar. Dejé en manos de la suerte muchas cosas que podía haber controlado.
- Era muy tímido y me conformaba con cualquier cosa. Aceptaba las condiciones, sin negociar absolutamente nada. Aceptaba el salario, los beneficios, las tareas que me asignaban, etc. Aceptaba el trabajo sin conocer la ciudad a la que tenía que ir a vivir, sin visitar mi futuro lugar de trabajo, sin hablar con mis nuevos colegas. Y, para colmo, cometí el mismo error dos veces. ¡Qué vergüenza!
- Cuando me ofrecían un trabajo tenía la sensación de que me estaban haciendo un gran favor. No pensaba en mis cualidades, mis conocimientos, mis aptitudes y mi personalidad. No pensaba que fueran productos valiosos de los que se iba a beneficiar la empresa. De alguna manera, olvidaba mis cinco años de duro estudio, 16 años de escuela y todos mis esfuerzos pasados.

✎ Estaba vendiendo muy baratas mis capacidades. Tenía una tendencia autodestructiva que me inducía a exagerar la inteligencia y las aptitudes de otras personas mientras que restaba valor a las mías propias. Y no sólo eso, sino que además no creía en mi éxito. Era un escéptico.

Mi consejo es hacer justo lo contrario de lo que yo hice. Créeme, si haces esto te evitarás decepciones, frustraciones y pensamientos autodestructivos.

Nunca jamás aceptes lo que se te ofrece en un principio, negocia. Impón tus condiciones. Haz que se molesten por ti, les pillarás desprevenidos porque mucha gente se limita a suplicar un trabajo, sin escogerlo. Si te valoras altamente a ti mismo, automáticamente cambiará tu situación a ojos del empresario.

> **Juega fuerte para conseguir lo que te propones y, más tarde, para mantenerlo.**

La forma de hablar

Albert Nehrabian, psicólogo americano, intentó medir la relativa importancia de tres canales básicos de comunicación: contenido, tono de voz y lenguaje del cuerpo (gestos, postura y expresiones faciales). Su investigación reveló que el contenido o las palabras utilizadas en un mensaje contribuían en un 10 por 100 al impacto causado en el receptor del mismo, en comparación con el casi 40 por 100 del tono de voz y más del 50 por 100 del lenguaje del cuerpo.

Parece algo ilógico y difícil de creer, pero hay que comprender que la mayor parte de nuestros pensamientos y acciones están basados en sentimientos y en impresiones y no en la lógica, a pesar de que queramos proyectar una imagen de personas sistemáticas y razonables. Es posible que cada entrevistador intente ser objetivo e imparcial pero, al final de la entrevista, su impresión general será la responsable de que obtengas el puesto o te quedes sin él.

En consecuencia, digas lo que digas, asegúrate de que tu tono de voz y el lenguaje del cuerpo refuercen tu mensaje, que no contradigan tus palabras. De otra manera, no lograrás llegar al entrevistador.

Apréndete los siguientes porcentajes:

Palabras (contenido del mensaje)	10 por 100 de efecto
Tono de voz	40 por 100 de efecto
Lenguaje del cuerpo	50 por 100 de efecto

La importancia del silencio

El silencio en una entrevista de trabajo puede ser un poderoso aliado o tu peor enemigo. Cuando hables con el entrevistador o contestes a sus preguntas, utiliza pausas para poner énfasis en tus afirmaciones y para crear una mayor expectación sobre lo que vas a decir después. Estos momentos de silencio te darán una oportunidad para mirar a los ojos al entrevistador y estudiar sus reacciones a lo que acabas de decir. No dudes en echar mano del silencio. Habla lentamente y de forma tranquila.

Algunos entrevistadores utilizan esos tiempos de silencio como herramienta para extraer información de un candidato. Una vez terminada tu intervención, te dejan en el «limbo» por unos segundos. Debes resistirte a la tentación de decir algo para romper el silencio porque es posible que se te escape aquella información que no querías que el entrevistador supiera. Precisamente por esta razón utilizan esas tácticas.

Piensa que es como jugar al tenis. Has devuelto el servicio y la pelota está en la zona del contrincante. Todo lo que tienes que hacer es esperar pacientemente.

EVALUAR AL ENTREVISTADOR

Si te has informado bien, cuando entres en el despacho del entrevistador ya conocerás varias cosas sobre esa persona. Los datos básicos que debes saber son el nombre, el puesto que desempeña y, si es posible, algunos detalles sobre su historial laboral. Después, durante la entrevista, tienes que ser capaz de predecir qué tipo de persona es y qué busca en los candidatos, ya que en muchos casos es prácticamente imposible conseguir este tipo de información antes. Así que tienes que sacar tus conclusiones sobre la marcha. Cuanto antes consigas esa información durante el transcurso de la entrevista, más preguntas podrás contestar de acuerdo con los intereses del entrevistador.

La táctica que hay que recordar aquí es la llamada «AAA»:

1. Anticiparse   2. Adaptarse   3. Actuar

Anticiparse a las preguntas del entrevistador, a las reacciones, actitudes, miedos y problemas.

Adaptarse al estilo del entrevistador, a sus modales, a sus puntos de vista y a sus actitudes. Hay que intentar compartir sus valores y entrar en su línea de pensamiento.

Actuar frente a la conducta del entrevistador. Utiliza las claves que te proporcione. Si enfatiza todo lo que tiene que ver, por ejemplo, con la contabilidad, entonces insiste en tu experiencia en ese campo.

Al evaluar y controlar al entrevistador se cumple otro objetivo que es el de poder estar al tanto en todo momento de nuestro rendimiento durante la entrevista. De esta forma sabremos si algo anda mal y podremos rectificarlo sobre la marcha.

El lenguaje corporal y el comportamiento del entrevistador

Mientras el entrevistador evalúa tu aspecto y el lenguaje no verbal, tú tienes que hacer lo mismo para obtener cierta información acerca de cómo se está desarrollando la entrevista. Para ello, vamos a repasar algunas reglas gramaticales básicas sobre el lenguaje no verbal del entrevistador y su significado. En este punto hay que tener cuidado, ya que la interpretación del lenguaje corporal está basada en ideas preconcebidas y en estereotipos. Un mismo comportamiento en distintas situaciones puede tener diferentes significados y te puede llevar a conclusiones falsas. La información que aquí proporcionamos está basada únicamente en las interpretaciones más comunes:

Inclinación y postura

Inclinación hacia el candidato: significa interés, compromiso, intenciones positivas. *Buena señal.*

Postura recta: *interés neutro.*

Inclinación hacia atrás: significa sentimiento de superioridad. Es posible que esté evaluando al candidato o también que se encuentre tranquilo y relajado. *Señal ambivalente.*

Postura rígida: probablemente constituye una respuesta negativa o defensiva hacia algo que has dicho. *Mal síntoma.*

Postura laxa: significa indiferencia, cansancio o rechazo. *Ten cuidado.*

Apertura al diálogo

Brazos cruzados: actitud defensiva o cerrada. *Cuidado.*

Puños cerrados: agresividad, actitud cerrada. *Mal síntoma.*

Sonrisa acompañada ocasionalmente de un asentimiento con la cabeza: aprobación hacia lo que estás diciendo. *Buena señal.*

El cuerpo del entrevistador no está situado directamente enfrente de ti: desapego emocional o que tiene otros asuntos en la cabeza. *Mal síntoma.*

Pequeños síntomas para grandes males

La cabeza apoyada sobre el brazo: *aburrimiento.*

Dedos tamborileando sobre la mesa: *impaciencia e irritación.*

Pies que taconean: *impaciencia e irritación.*

Vistazos al reloj: *impaciencia,* el final de la entrevista es inminente.

Cuando el entrevistador se muestra relajado y amistoso, los candidatos tienden inconscientemente a imitar o adoptar ese comportamiento. Según mi punto de vista, es conveniente mostrarse relajado y natural, pero siempre manteniendo una actitud profesional y seria. La conducta que se considera apropiada para el entrevistador puede que no lo sea tanto (y normalmente nunca lo es) para el entrevistado.

Reconocer los problemas del entrevistador

Durante la búsqueda de trabajo conocerás a distintos tipos de entrevistadores. Algunos serán directores o jefes de personal o consultores, todos ellos profesionales. Sin embargo, también te puedes encontrar con un segundo grupo: son los directores, supervisores, ingenieros jefe, coordinadores de equipo o profesionales expertos en todo tipo de disciplinas, menos en selección de personal.

Entrevistar a la gente no resulta una de las tareas más fáciles para las personas del segundo grupo. Posiblemente se sentirán incómodos porque no tienen experiencia en este campo. Puede que no sepan qué preguntar o que tengan que consultar constantemente su siguiente paso para no salirse del esquema prefijado por la empresa y hacer idénticas preguntas a todos los candidatos.

Algunos entrevistadores basan toda la entrevista en el currículum. Otros hablan demasiado porque desconocen qué tipo de preguntas hay que hacer y cómo interpretarlas, así que deciden confiar en su intuición.

Sea cual sea la profesión de quienes realizan una entrevista, así como el estilo y técnica que apliquen, existe un temor común a todos ellos: cometer el error de contratar a la persona equivocada. Si tú resultas seleccionado para ocupar un puesto de trabajo y por la razón que sea no eres capaz de realizarlo o, a los pocos meses de incorporarte a la empresa, dejas el puesto por una ocupación mejor remunerada, entonces se encontrarán en un gran apuro al tener que justificar ante su superior por qué te escogieron a ti. Eso les haría quedar como unos incompetentes en el proceso de selección. Por eso, cada gesto tuyo, cada respuesta y cada pregunta deberán llevar implícito el mismo mensaje: «soy la persona más apropiada para el trabajo, puedo hacerte quedar bien con tus jefes y no pienso irme». No olvides esto.

Trata siempre cordialmente al entrevistador y hazle sentir a gusto. Enséñale tu cara amistosa. Evita largas pausas, no hagas preguntas, afirmaciones o gestos agresivos ni seas demasiado insistente. Haz ver a los entrevistadores que sientes por ellos un gran respeto, que les agradeces el poder mantener esta entrevista.

Tipos de personalidades básicas entre los entrevistadores y cómo relacionarse con ellos

> Conocer algo sobre el entrevistador es tan importante como conocerse uno mismo.

Es preciso que te formes rápidamente una opinión sobre la persona que te está entrevistando. Sólo así podrás poner en marcha la estrategia adecuada en tu relación con él o ella. Para hacer esto dispones de dos o tres minutos escasos, que es el tiempo que se tarda en establecer el contacto inicial y comenzar la sesión de preguntas y respuestas. Busca las pistas en los siguientes objetos:

El ambiente: el despacho, la decoración, los muebles, libros, cuadros, trofeos, premios, anotaciones en las paredes, fotos en la mesa, lo que está escrito en la pizarra, etc.

El entrevistador: el aspecto, edad, sexo, postura del cuerpo, ropa, acento, expresiones faciales, entre otras cosas.

La mayor parte de los entrevistadores pueden clasificarse en tipos básicos de personalidad, aunque también son muy comunes los tipos de personalidad mixtos. Éstas son las características de los grupos principales:

La profesional

Es una entrevistadora experimentada. Sale a recibirte y te saluda cálida y amistosamente. Una vez en su despacho, te hace sentir relajado y cómodo. Durante los primeros minutos comenta algo sobre el tráfico y los atascos, el tiempo, las dificultades para llegar hasta el edificio, y otros temas, lo hace para romper la barrera.

Solamente preguntará cuestiones importantes. Evitará las preguntas con doble intención. Procurará que la entrevista no parezca un interrogatorio. Mantendrá en todo momento una actitud de respeto y de comprensión. Formulará las preguntas de forma clara y concisa, utilizando un lenguaje sencillo. Sabe lo que busca de ti y normalmente lo encuentra sin que te hayas dado cuenta. Este tipo de entrevistadora es difícil de manejar, pero es humana y mostrará ciertas emociones que te servirán de valiosa información.

Táctica: Así es como deberían ser todos los entrevistadores. Yo no he conocido muchos así, pero existen. Tendrás más probabilidades de dar con ellos en un departamento de personal o en empresas grandes y en expansión.

El interrogador

Probablemente en su juventud vio demasiadas películas sobre la Gestapo. Suele disparar una serie de preguntas cortas y rápidas de las que espera una contestación inmediata. De esta forma, comprueba la reacción del candidato ante situaciones estresantes y además se ahorra tiempo. Probablemente no le gusta entrevistar y no está realmente interesado en las personas a las que entrevista ni en el puesto de trabajo.

Es posible que tengas una lámpara enfocándote directamente a la cara o que estés situado frente a una ventana luminosa (para comprobar tus nervios). A veces, y con idéntico propósito, te hará esperar durante largo tiempo fuera del despacho.

Táctica: Intenta dar la imagen de persona optimista y positiva. Piensa que eres un actor profesional que actúa frente a un público hostil y nada receptivo. Sé un auténtico profesional, no intentes acortar la entrevista, tómate tu tiempo y responde a las preguntas tal y como lo habías planeado. No dejes que el entrevistador te meta prisa o te haga sentirte incómodo. Haz un montón de preguntas en cuanto puedas. El ataque es la mejor forma de defensa.

La entrevistadora formal

La espontaneidad no existe para ella. Sigue la ficha de evaluación durante la entrevista como si fuera la Biblia. Lee las preguntas de forma monótona y mecánica y rara vez se desvía de su camino.

Ese ambiente de rigidez no beneficia a los entrevistados. Éstos se encuentran tensos y tienden a adoptar la misma postura que la entrevistadora, contestando de forma rápida, con frases cortas que tienen un significado algo vago, lo que no les ayuda en absoluto. No caigas en la trampa, relájate y juega bien tu papel. Tómate tu tiempo, no corras.

Táctica: No prestes mucha atención a ese comportamiento tan inflexible, intenta parecer amistoso y actúa en todo momento como lo tenías planeado. No te sientas intimidado por las largas pausas. Una vez que has dicho lo que tenías que decir, espera a escucharle a ella, ya llegará tu turno, no le des más información de la necesaria.

El psicólogo

Se trata probablemente de un estudiante fracasado que pretende hacer creer que tiene una licenciatura en Psicología. Utiliza métodos psicoanalíticos o «pseudopsicológicos», fijándose más en lo que no dices que en lo que realmente dices. Las preguntas que te haga serán un poco distintas a las típicas que se suelen hacer en esta situación. Te preguntará sobre tus padres, sobre tu niñez o sobre tu propósito en la vida. Utilizará algunas de las preguntas menos frecuentes que aparecen en el capítulo 6 de este libro. Te darás cuenta del tipo de entrevistador que es porque normalmente es muy pretencioso y pagado de sí mismo.

Táctica: Cálmate y pide que te aclare la pregunta si la explicación que te da es muy larga. Estará encantado de poder ahondar más en sus enrevesadas preguntas y además te lo agradecerá.

El adulador

Es un hombre que se desvive por su empresa. Quiere mantener contigo una entrevista para atraerte hacia el mágico mundo de su oficina. Probablemente te dará muy buena impresión como entrevistador porque no hace muchas preguntas difíciles, ése es su trabajo. Este tipo se da en determinados sectores, especialmente en aquellas empresas en que los altos beneficios que obtienen los directivos frente a lo que perciben los trabajadores son fuente constante de problemas.

Táctica: Trátale como si fuera un vendedor, que lo es, sobre todo si las condiciones parecen demasiado buenas para ser verdad. Si aceptas su oferta, exige que te entregue por escrito lo que acaba de decir. Pero, antes de esto, impón tus condiciones para ver hasta dónde puede llegar y para hacerle comprender tu postura negociadora.

El tipo desorganizado

La oficina es un caos absoluto. En algunos casos puede llegar tarde a la entrevista. Encima de la mesa se pueden ver cantidades industriales de papeles, lo que dificulta enormemente la búsqueda de tu currículum. Le resulta difícil organizar sus ideas, sobre todo si le están llamando por teléfono o interrumpe la secretaria cada dos por tres.

En este caso, tienes la oportunidad de tomar el control de la entrevista de forma natural, sin que el entrevistador se dé cuenta. Si te sientes frustrado y piensas que esta entrevista tan desorganizada va a hacer que disminuyan tus probabilidades de conseguir el trabajo, entonces sugiérele repetirla otro día en que no esté tan ocupado.

Táctica: El desorganizado es normalmente una persona cordial y flexible, lo que te permitirá comportarte durante la entrevista de la forma más apropiada, si eres capaz de sobrellevar la atmósfera de desorden que reina en la oficina.

El tipo pretencioso

Este entrevistador tiene la costumbre de mirar por encima del hombro. Le gusta entrevistar porque es una forma de tener a alguien pendiente de él durante una hora, más o menos. A menudo habla más que cualquier otro tipo de entrevistador, utiliza palabras muy complicadas y suele hacer preguntas muy complejas para examinar tus conocimientos. Normalmente intenta guardar las distancias, no esperes demasiada cordialidad.

En este caso, lo mejor es adoptar la típica pose de humildad. Hay que evitar el actuar igual que él, ya que, por alguna extraña razón, la mayor parte de la gente reacciona especialmente mal cuando ven en otras personas los defectos que ellos mismos poseen.

Táctica: No te dejes intimidar por su aparente gran cultura y sus novedosos métodos de entrevista. Tú dominas tu especialidad, pero no intentes hacer creer que lo sabes todo, si no te convertirás en alguien como él.

La entrevistadora maternal

El estilo maternal en una entrevista se suele dar cuando la entrevistadora es una mujer de cerca de 50 años, aunque también hay algunos hombres que actúan de igual manera. Sus instintos maternales hacen que trate de una determinada manera a los candidatos más jóvenes, a quienes proporcionará consejos sobre los temas más diversos cuando tenga la oportunidad de hacerlo.

Táctica: Aunque este tipo de entrevistadora no es particularmente peligroso, tienes que estar prevenido y proyectar una imagen de persona madura y de aparente confidencialidad. Su personalidad la impulsa a intentar siempre obtener información confidencial de los candidatos más inocentes. Quiere que tú confíes en ella y que te quites la máscara. Lo único que tienes que hacer es hacerle creer que lo ha conseguido. Esto significa la expresión «aparente confidencialidad». Explícale únicamente lo que habías planeado con anterioridad pero en un tono tal que piense que eres la persona más honesta del mundo.

LAS INCONSISTENCIAS Y LOS PUNTOS DÉBILES DE LOS ENTREVISTADORES

En una jerarquía, cada empleado intenta alcanzar su nivel de incompetencia.

LAURENCE J. PETER

Esta observación se cumple en ciertos entrevistadores, aquéllos cuyo trabajo consiste en contratar a la gente, aun careciendo de formación en entrevistas y en técnicas de selección. La receta ideal para el desastre. Como ellos mismos son principiantes, su principal preocupación consiste en evitar cometer errores. Los costes directos que genera este tipo de errores se cifran en millones de pesetas. Por eso ponen tanto cuidado en la selección, hoy en día sobre todo. La mayoría sabe qué tipo de persona quiere y qué tipo de respuestas quiere escuchar. Tu papel como candidato o entrevistado es presentarte allí y decirles lo que quieren oír asegurando que:

- Eres capaz de hacer y harás un buen trabajo para ellos.
- Los harás quedar bien delante de su jefe.
- Justificarás de sobra con tu actuación y con tus logros laborales su decisión de contratarte.

Factores que influyen en los resultados

La validez y el resultado de una entrevista de trabajo se puede ver afectada por una amplia gama de factores, la mayor parte de los cuales se debe a su naturaleza claramente subjetiva. Los factores principales son:

- Cuenta bastante la primera impresión. Los entrevistadores tienden a sacar conclusiones sobre los candidatos al comienzo de la entrevista. En consecuencia, es muy importante tener en cuenta el orden en que se exponen las ideas.

- Los primeros entrevistados influyen en la actitud que adoptará el entrevistador frente a los demás candidatos.
- El aspecto físico de los entrevistados influye en el resultado. Los candidatos físicamente atractivos tienen más posibilidades de conseguir un trabajo.
- La información negativa llama más la atención que la positiva. La mayor parte de los entrevistadores basan la entrevista en los aspectos negativos de los candidatos, convirtiéndola en una serie de «golpes directos».
- Varios entrevistadores valoran de distinta manera una misma información. Algunos dan importancia a las aptitudes de comunicación, otros a la experiencia laboral o al expediente académico.
- Un conocimiento insuficiente sobre el puesto de trabajo vacante y la falta de experiencia en la entrevista puede originar que se pasen por alto los factores más importantes y se enfatice demasiado en otros de menor importancia.

El efecto clónico

> *La gente de primera categoría contrata a gente de primera, la gente de segunda categoría contrata a gente de tercera.*

LEO ROSTEN

Un directivo tiene en cuenta dos cosas al contratar a una persona. La primera es la competencia y la capacidad para desempeñar ese trabajo, y la segunda, cómo encaja en la organización. Los directivos se plantean lo siguiente: ¿encajará esta persona en la estructura existente y se convertirá en mano de obra productiva? Al tiempo que se hacen tales preguntas establecen una serie de comparaciones entre los candidatos y:

1. Ellos mismos.
2. Las personas que ocupaban anteriormente ese mismo puesto de trabajo.

3. Los estereotipos y las ideas preconcebidas en relación con ese puesto de trabajo en particular.

El efecto clónico consiste en la tendencia entre los directivos y seleccionadores a contratar gente a la que comprendan, en la que confíen, con la que se sientan a gusto y cuyo comportamiento no resulte difícil de predecir. Buscan a alguien con quien puedan llevarse bien, comunicarse y compartir valores comunes. Intentan multiplicarse a sí mismos contratando a personas con un pasado similar al suyo, que vivan en el mismo sitio, que sean de su mismo tipo y de su misma edad.

Seguro que habrás observado que los vendedores de coches tienen todos el mismo aspecto, se comportan de forma similar, utilizan el mismo vocabulario y comparten idénticos valores. Si pensamos en otro grupo de personas, por ejemplo, los abogados, nos encontramos de nuevo con clones: trajes negros, carteras de piel, camisas blancas, amplio vocabulario y una tendencia a discutir de todo con cualquiera. Y así sucesivamente.

El efecto clónico pone las cosas muy difíciles a los emigrantes, minorías, mujeres y gente con un historial distinto. Lo mejor que pueden hacer es intentar imitar el estereotipo que se aplica al trabajo al que optan.

Estereotipos

Los estereotipos son ideas preconcebidas y cuestionables. Son puntos de vista y opiniones sobre los demás, sobre su origen, raza, género, pasado, aspecto físico, costumbres, estado civil u otro tipo de cosas.

Se utilizan frecuentemente en las novelas románticas y de suspense, y también en las entrevistas de trabajo. Los estereotipos pueden ayudarte, pero también perjudicarte. Desgraciadamente, la mayor parte son muy difíciles de erradicar, como por ejemplo los relativos a la raza, sexo, pasado y aspecto físico. Los otros se pueden modificar o, al menos, es posible neutralizar sus efectos.

Una forma de hacerlo es mediante el currículum: nunca incluyas peso, altura, religión, número de hijos, coche y otros detalles irrelevantes. Aunque mucha gente indica datos como la edad, el estado civil y la nacionalidad, tú puedes eliminarlos sin dudar.

Algunos de los estereotipos clásicos que influyen en un proceso de selección son los siguientes:

- ✎ Los altos y delgados son nerviosos e impacientes.
- ✎ La gente gruesa es perezosa. Un cuerpo fofo implica una mente fofa.
- ✎ Los que no beben son gente un poco rara.
- ✎ Las mujeres son muy emocionales y, por tanto, impredecibles.
- ✎ Los hombres con barba son introvertidos e inadaptados.
- ✎ Los parados aceptarían cualquier tipo de trabajo.
- ✎ La gente que en el pasado cambió frecuentemente de trabajo continuará haciendo lo mismo.
- ✎ Los solteros tienden a cambiar de trabajo más frecuentemente. Son menos estables y se mueven mucho. En consecuencia, no es probable que permanezcan en la misma empresa durante mucho tiempo.
- ✎ No se debe tomar en serio a la gente que hable con acento.

El efecto halo

En un proceso de selección se entrevista a varios candidatos. Pueden ser desde dos a veinte o incluso más. Por tanto, es imposible que los entrevistadores se acuerden claramente de todos ellos. El hecho (probado en las investigaciones estadísticas) es que los candidatos entrevistados en último lugar tienen muchas más probabilidades de conseguir el trabajo.

> **La última persona entrevistada tiene una clara ventaja porque el entrevistador la recordará más claramente.**

En algunos procesos de selección esto se intenta evitar pidiendo a los entrevistados que escriban sus respuestas dentro del espacio que existe a tal efecto en una hoja con un formato estándar. Sin embargo, siguen sin poderse eliminar los efectos de este fenómeno. Olvidar es humano. Por esa razón tiene tanta importancia cómo nos despidamos, porque será la clave para que después el entrevistador se acuerde de nosotros. Para más detalles, lee el capítulo 8 de este libro.

Además, casi siempre es posible quedar con el entrevistador para otro día. Intenta no estar en el primer grupo. Si puedes, trata de ser uno de los últimos entrevistados. En algunas ocasiones esto te ayudará a distinguirte de entre los otros competidores.

Inexperiencia: cuando un candidato competente y con experiencia en entrevistas engaña al entrevistador

El primer axioma de la competencia es:

> La probabilidad que tiene un candidato profesional de la entrevista de manejar y manipular a un entrevistador incompetente es mucho mayor que la que tiene ese entrevistador incompetente de manejar al candidato profesional de la entrevista.

Los candidatos con experiencia en entrevistas de trabajo saben presentarse a sí mismos como el empleado modelo. Saben qué cualidades resultan más atractivas para los empresarios y contestan acorde con eso. Para ti, lector, este libro es el primer paso para convertirte en uno de ellos. Para mí este libro supondrá mi inclusión en la lista negra de los empresarios. Pero así es la vida.

Los «profesionales» consiguen casi siempre trabajos para los cuales están discretamente cualificados. Dejan detrás a otros oponentes mucho más competentes y cualificados porque saben que lo más importante durante la entrevista es:

> La gente capaz de hablar de sí misma, de su experiencia, educación y logros, capaz de proyectar (¡ojo, que no digo «tener»!) una imagen de integridad, sinceridad e interés real en la empresa, es quien consigue el trabajo. Los otros candidatos, a menudo más educados, más trabajadores, más inteligentes y con más experiencia, pero que no saben venderse a sí mismos, no consiguen lo que tanto se merecen: los mejores puestos de trabajo. ¡Qué paradoja!

La idea común entre algunos de los entrevistadores inexpertos y la mayor parte de los candidatos es que las entrevistas de trabajo consisten normalmente en sesiones formales de preguntas y respuestas en las que el entrevistador controla en todo momento la situación. Sin embargo, las entrevistas de trabajo deberían ser mucho más que eso, una forma de evaluación mutua y un intercambio de información. Sería algo similar a un partido de tenis: los candidatos tomarían alguna iniciativa y lograrían controlar al entrevistador, porque, de otro modo, estarían siempre intentando responder su servicio. Esta táctica la utilizan con éxito los candidatos expertos en entrevistas.

Las entrevistas dan lugar a unas conversaciones muy falsas y enrevesadas. Ambas partes intentan vender algo. Los entrevistadores venden trabajos estúpidos, sin futuro y sin oportunidades de ascenso como si fueran negocios redondos. Tú tienes igual derecho a venderte a ti mismo.

4

TIPOS DE ENTREVISTA Y MÉTODOS DE EVALUACIÓN

ENTREVISTAS DE TOMA DE CONTACTO

Este tipo de entrevistas se realiza para determinar si el candidato tiene los conocimientos básicos y la experiencia suficiente que justifiquen la celebración de una entrevista formal. No suele tener como objetivo inmediato buscar el candidato para un puesto de trabajo concreto, sino más bien servir como cuello de botella que filtre la gran cantidad de solicitudes recibidas. Normalmente, duran unos quince o veinte minutos.

Con el actual clima económico, caracterizado por el alto número de parados, estas entrevistas están adquiriendo rápidamente un gran protagonismo. Durante los tiempos en que el desempleo no constituye un grave problema, son una forma menos común de hacer una preselección. Sin embargo, algunas empresas y trabajos exigen, por naturaleza, la realización de este tipo de entrevistas como parte imprescindible del proceso de selección.

ENTREVISTAS EN CAMPUS UNIVERSITARIOS

Las entrevistas realizadas por los seleccionadores universitarios se pueden considerar como una clase de entrevistas de toma de contacto. Consisten en que un seleccionador, normalmente el jefe de personal, acude al entorno en el que se encuentran los candidatos, en lugar de ser éstos quienes se dirijan a la empresa contratante. Este trabajo no resulta nada fácil, ya que normalmente hay que entrevistar a mucha gente en un corto espacio de tiempo.

El seleccionador proporciona información sobre la organización a la que representa, sus operaciones, sus objetivos y los puestos que pueden ocupar los jóvenes recién licenciados, incluyendo detalles sobre la duración y la naturaleza de los programas de prácticas para postgraduados.

ENTREVISTAS TELEFÓNICAS

Este tipo de entrevistas cumple la misma función que las entrevistas de toma de contacto. A mí personalmente sólo me han entrevistado por teléfono en un par de ocasiones. La primera fue con una gran empresa estatal situada en Sydney. Yo tenía tres interlocutores y cada uno de ellos me hizo una o dos preguntas. Toda la conversación duró unos quince minutos y, aunque parezca mentira, me ofrecieron un puesto de trabajo que yo rechacé.

La segunda ocurrió hace poco tiempo y fue casi como una entrevista cara a cara durante la cual tuve que contestar alrededor de veinte preguntas. Además, según pude comprobar (debido a los silencios que seguían a cada una de mis respuestas), el entrevistador estaba tomando notas. La entrevista duró alrededor de una hora, imagino que como se trataba de una empresa petrolífera, no les preocupaba excesivamente la factura telefónica.

Si alguna vez te seleccionan para un trabajo mediante una única entrevista telefónica, será por dos razones:

1. El empresario tiene que ocupar rápidamente determinado puesto de trabajo y para ello ofrece el empleo prácticamente al primero que tiene a mano. En este caso, convendría que te preguntaras por qué. ¿No será más bien que es un trabajo que nadie quiere hacer?

2. ¡Enhorabuena! Has aprendido a desenvolverte durante una entrevista. Te has convertido en un auténtico profesional de la venta personal por teléfono.

En ambos casos ten mucho cuidado. Si fueras un empresario que se va a gastar, digamos unos 30.000 euros (al año, incluyendo la paga de beneficios) en un nuevo empleado, ¿no crees que te gustaría conocer personalmente al candidato antes de ofrecerle un trabajo?

Evita en lo posible las entrevistas telefónicas. Para todo lo importante es necesario comunicarse cara a cara. Si un entrevistador está verdaderamente interesado en ti, te llamará para concertar una cita y, si es necesario, abonará los gastos de desplazamiento.

ENTREVISTAS DE GRUPO

No son muy frecuentes, pero algunas empresas las utilizan para evaluar a un grupo de candidatos al mismo tiempo. Como resulta bastante difícil para una sola persona entrevistar a cinco o más candidatos al mismo tiempo, normalmente hay dos o más entrevistadores. De esta forma, es posible comparar a los distintos candidatos y evaluar su comportamiento ante situaciones difíciles y estresantes. Si quieres producir una buena impresión a los entrevistadores, no debes olvidar los siguientes puntos:

- Tranquilízate y ofrece una imagen de serenidad.
- Analiza a los entrevistadores y ten en cuenta las respuestas de los otros candidatos (aprovechando el tiempo libre que te proporcionan las intervenciones de los demás) al formular las tuyas.
- No critiques las respuestas de tus oponentes, ni sus actitudes u opiniones.
- No te sientas intimidado por la situación.

ENTREVISTAS DE EQUIPO

Es uno de los métodos de evaluación más comunes utilizados por las empresas (especialmente las grandes empresas) que deben contratar a profesionales o directivos. Con un equipo de tres o cuatro entrevistadores, es posible establecer una descripción objetiva y sin sesgos del candidato.

Cada uno de los entrevistadores procede de distintos departamentos o secciones en la compañía. Uno de ellos es quien coordina todo el proceso, y suele ser el jefe de personal o alguien con un cargo similar, ya que las personas que ocupan estos cargos se consideran a sí mismas como las más cualificadas para «contratar y despedir». El resto del equipo estará formado por el director o el cargo inmediatamente superior al puesto vacante, alguien que trabaje en la misma sección o departamento que el futuro empleado y, en algunos casos (si es necesario), un especialista cuya tarea consiste en evaluar el grado de especialización del candidato.

Este tipo de entrevista suele estar muy bien estructurada. Cada miembro evalúa un área específica de conocimientos. De esta forma, se examinan y exploran, uno por uno, todos los puntos importantes, como son la experiencia, la cualificación y la personalidad del entrevistado.

Cuando uno de los entrevistadores te haga una pregunta, presta toda tu atención a esa persona, manteniendo, al mismo tiempo, contacto visual con los demás miembros del equipo mientras contestas. Intenta prestar idéntica atención a cada uno de ellos: no te dirijas solamente al coordinador o a quien te ha preguntado. Además, debes intentar recordar sus nombres y quién es quién en la empresa para contestar de acuerdo con cada entrevistador y saber modificar en cada caso las respuestas. Si hablas con un contable, intenta pensar como él, si hablas con un ingeniero, utiliza su mismo vocabulario técnico.

ENTREVISTAS CARA A CARA

En este caso sólo una persona entrevista al candidato. La decisión de contratarle para el trabajo la tomará sólo o con ayuda de otros directivos por encima de su cargo. Aunque con excepciones, esta entrevista se utiliza en empresas pequeñas para contratar a personal no especializado (secretarias, vendedores, administrativos, etc.).

En la mayoría de estas situaciones las cualidades y aptitudes de los candidatos están mejor definidas, y en consecuencia son más fáciles de determinar que las relativas a puestos de trabajo más especializados (ingenieros, abogados, investigadores y economistas).

Lo normal es que sea el superior inmediato o un directivo al que le afecte dicho puesto de trabajo quien haga la entrevista. De todas formas, en estos casos la entrevista resulta ideal y de gran utilidad para conocerse ambas partes.

ENTREVISTAS CON COMIDA

Si la entrevista se celebra fuera de tu ciudad, es posible que te inviten a comer. En ocasiones, la comida se celebrará antes de la entrevista, pero lo más probable es que se haga después. En primer lugar, se suele enseñar brevemente la empresa al candidato y después tiene lugar la entrevista propiamente dicha. Tras el almuerzo es posible que continúen las presentaciones a directivos y personal de la compañía y, para terminar, un recorrido por la ciudad para que el candidato se haga una idea del lugar en que se encuentra. Aunque las circunstancias varían en cada caso, existen algunas reglas generales a tener en cuenta:

1. No olvides que el entrevistador sigue examinándote en todo momento, independientemente de dónde estéis o qué hagáis.
2. Durante la comida, sigue las siguientes normas de sentido común:

   ✎ Deja que el entrevistador escoja el restaurante.
   ✎ No bebas alcohol, aunque el entrevistador pida vino o cerveza. Necesitas tener la mente clara para poder actuar correctamente en todo momento.
   ✎ Escoge un plato fácil de comer, que no ensucie, que no deje mal aliento y cuyo precio sea aproximadamente igual al del plato escogido por el otro.
   ✎ Deja que el entrevistador pague la comida. Nadie espera que lo hagas porque entra en el presupuesto de la empresa para el proceso de selección.

3. Conserva la serenidad, no te muestres demasiado cordial con los entrevistadores.

ENTREVISTAS SITUACIONALES

Algunas empresas van más allá de las técnicas convencionales de entrevista e intentan examinar a los candidatos mediante una evaluación situacional. Para ello utilizan simuladores de conducta que sirven para examinar a los candidatos en ciertas áreas difíciles de evaluar mediante simples cuestionarios o preguntas. Se hacen de muy variadas formas, por ejemplo, si se trata de vendedores, éstos deberán hacer una presentación de un producto ficticio; o bien entrevistas simuladas, en el caso de que se seleccione personal que deba tratar con el cliente; los jefes de proyecto, jefes de ventas o de logística deberán realizar ejercicios de organización de tareas y de coordinación horaria, etc.

Un tipo especial de entrevistas situacionales son los tests de simulación de tareas. Están pensados para evaluar al candidato en la realización del trabajo que tendrá que desempeñar si resulta elegido. Éste es el caso de las pruebas de mecanografía y tipografía a administrativos, un examen de conducir a los conductores y un examen de idiomas a los traductores, entre otros ejemplos.

ENTREVISTAS ESTRUCTURADAS

El objetivo de este tipo de entrevistas es recopilar información específica sobre el candidato, tomando como referencia unos criterios fijados con anterioridad y que son muy importantes para el desempeño de un trabajo concreto. La empresa identifica una serie de aptitudes, cualificaciones y características personales que debe cumplir el candidato y que son imprescindibles para realizar ese trabajo. Las preguntas de la entrevista están pensadas para analizar únicamente esas áreas y permiten un análisis en profundidad. Todo el proceso se basa en la premisa según la cual el comportamiento en el pasado es el mejor indicativo del comportamiento futuro.

En este libro dedicamos un capítulo completo a estas áreas concretas. Allí analizamos en profundidad las preguntas más frecuentes y sugerimos las respuestas más convenientes. Los entrevistadores no quieren respuestas hipotéticas o teóricas, sino que quieren conocer la experiencia real. Cada situación pasada que refiramos tiene que tener los siguientes elementos:

✎ Una situación que ocurrió realmente (un problema que tuviste que resolver o un tipo de tarea que realizaste).
✎ Las medidas que tomaste para resolver el problema o finalizar de forma satisfactoria la tarea que te encomendaron.
✎ El resultado de tus acciones (el producto de tus esfuerzos).

Este método de evaluación se pone en práctica cada vez en más empresas, especialmente en aquellas pertenecientes al sector de materias primas (minería, aceite y gasolina). Después de pasar un par de entrevistas de este tipo, comprendí que en ambas compañías habían utilizado al mismo asesor, ya que las preguntas eran idénticas en uno y otro caso y se acentuaba el interés en los mismos aspectos. Esto ayuda enormemente a los candidatos astutos a prepararse las respuestas.

Para ti, la mayor ventaja que existe en este tipo de entrevistas es la consistencia. A todos los candidatos se les plantean las mismas preguntas, en consecuencia son examinados bajo idéntico criterio. La mayor desventaja está en la falta de flexibilidad. Si el entrevistador no es capaz de hacer preguntas significativas, se corre el peligro de pasar por alto aspectos importantes.

Esta estructura tan rígida hace que normalmente los candidatos se sientan más incómodos, menos relajados. Además, el entrevistador es quien en todo momento lleva el control de la entrevista.

Una entrevista estructurada como la de selección específica es la que permite un mayor control del tiempo. Para un entrevistador sin experiencia es la más fácil de realizar. Tal vez por eso muchas veces se prefiere a otros métodos más eficaces, flexibles y amistosos.

ENTREVISTAS NO ESTRUCTURADAS

Se trata de un tipo de entrevista menos rígido durante el cual son los propios candidatos los que abren el camino y, hasta cierto punto, marcan las pautas de la entrevista. Las preguntas tienden a seguir el hilo conductor de las propias respuestas del entrevistado. Esto hace que tú tengas el control en tus manos y facilita que puedas extenderte en tus puntos positivos y evitar las áreas problemáticas. Hay dos clases de entrevistadores que suelen realizar este tipo de entrevista: los novatos y los cazatalentos muy experimentados.

El primer grupo utiliza esta entrevista por una razón muy sencilla: no se sienten capaces de controlar la situación, en consecuencia dejan a los candidatos que hablen y que se vendan ellos solos.

Por su parte, los cazatalentos experimentados utilizan esta técnica para evaluar, entre otros atributos, el carácter y las relaciones personales del candidato. Son capaces de leer entre líneas y sacar conclusiones no sólo sobre lo que dice el solicitante, sino también sobre lo que no dice porque no sabe cómo hacerlo o porque quiere ocultarlo.

MÉTODOS DE EVALUACIÓN: EL MISTERIO SALE A LA LUZ

Evaluar a una persona en una hora aproximadamente no es una tarea nada fácil. Para ello los seleccionadores echan mano de todo tipo de herramientas, como son los currículums, varios tipos de entrevista, diversos métodos de evaluación, tests psicológicos, comprobación de las referencias y otros muchos métodos.

Los profesionales de la selección de personal han ido desarrollando a lo largo de los años varios métodos de evaluación para comparar a los candidatos, identificar sus puntos fuertes y débiles, y establecer comparaciones con los criterios predefinidos para un trabajo concreto.

Intereses básicos

En un proceso de selección, las empresas se hacen principalmente tres preguntas:

1. ¿Es capaz el candidato de hacer ese trabajo?
2. ¿Hará ese trabajo?
3. ¿Encajará en el equipo de trabajo?

Lo que tú tienes que hacer es sencillamente convencer y asegurar al seleccionador de que la respuesta a esas tres preguntas es sí.

Áreas de evaluación

No existe un método universal de evaluación que se pueda aplicar a todos los solicitantes y para todos los puestos de trabajo. Cada empresa valora de forma diversa las mismas cualidades y aptitudes. De todas formas, existen algunos criterios comunes en casi todos los métodos de evaluación. Vamos a hablar de ellos y a identificar las reacciones de un seleccionador a la hora de analizar tu historial.

Expediente académico: ¿Tiene el candidato el título académico que requiere el puesto de trabajo? ¿Sabe cómo realizar ese trabajo? ¿En el mundo de la empresa se piensa que la titulación del candidato es apropiada para ocupar ese puesto de trabajo?

Experiencia laboral: ¿Tiene experiencia laboral relevante? ¿Cuánta experiencia tiene y cómo se puede beneficiar la empresa de dicha experiencia?

Motivación: ¿Cuánta motivación tiene el candidato? ¿De qué tipo (dinero, logros personales, cargos, elogios, prestaciones sociales, etc.)? ¿Se trata de una persona con iniciativa o necesita una constante supervisión?

Capacidad de comunicación: ¿Es capaz de expresarse correctamente mediante la escritura? ¿Son buenos sus conocimientos gramaticales? ¿Su expresión oral es correcta, tanto individualmente como frente a un grupo de personas? ¿Sabe escuchar? ¿Es capaz de comunicar sus ideas de forma efectiva y de explicar y presentar sus trabajos?

Madurez y estabilidad emocional: ¿Es capaz de superar situaciones estresantes, tanto laborales como en su vida privada? ¿Es una persona responsable y madura capaz de tomar decisiones y de asumir responsabilidades? ¿Es emocionalmente estable, y se comporta de forma justa y consistente durante sus relaciones con superiores y subordinados?

Salud: ¿Cómo es la salud del candidato? ¿Será productivo durante un largo período de tiempo? ¿Se ausentará por enfermedad en repetidas ocasiones?

La información que necesita la empresa

El propósito de las entrevistas de trabajo, especialmente en las entrevistas estructuradas, es extraer del currículum ejemplos relacionados con el trabajo. Para evaluar al candidato, los entrevistadores requieren tres tipos de información:

1. La situación existente o las tareas que tuvo que desempeñar.
2. La acción llevada a cabo o no, y porqué.
3. Los resultados o consecuencias de la acción (o de la falta de acción).

Respuestas incompletas

Al poner en marcha estos métodos, los seleccionadores intentan eliminar las respuestas falsas que no reflejan la experiencia pasada. Estas respuestas falsas se pueden clasificar de la siguiente manera:

✎ Respuestas vagas.

✎ Respuestas teóricas.

✎ Respuestas orientadas al futuro.

✎ Respuestas incompletas.

Las respuestas vagas son aquellas que carecen de claridad, simplicidad, coherencia o interés para el puesto de trabajo en cuestión. Muchas veces los solicitantes omiten detalles importantes, tanto de forma intencionada (si la información no es favorable) como desintencionadamente (por un olvido).

A la mayor parte de los candidatos se les da muy bien responder a preguntas teóricas, ya que no es nada difícil decir lo que se haría para resolver un problema o sortear un obstáculo determinado en una situación hipotética. Un candidato experto tiene la respuesta siempre clara. En este caso cobra verdadera importancia el estar atento a la manera en que el entrevistador formula la pregunta, pues ahí está la clave para una respuesta más apropiada.

Las respuestas orientadas al futuro son aquellas que expresan lo que el candidato quiere hacer en el futuro. Esta información no resulta del todo inútil pero tiene mucha menos importancia para los entrevistadores, ya que lo que éstos intentan hacer es predecir el futuro a partir de las experiencias pasadas. Por tanto, siempre prestarán más atención a estas últimas.

A las respuestas incompletas les falta uno o más de los tres componentes principales: situación o tarea realizada, la acción llevada a cabo y los resultados o consecuencias de la misma.

TESTS PSICOLÓGICOS Y TESTS DE APTITUDES

¿Por qué debe el candidato realizar un test psicológico que no tiene relación alguna con el trabajo para el que se presenta? ¿Cómo definimos el término «personalidad»? ¿Qué personalidad es más apropiada para cada trabajo? ¿Qué pasa cuando no nos sentimos identificados con ninguna de las opciones que se dan para contestar una pregunta?

Éstas y otras cuestiones han sido la base de múltiples debates sobre la importancia de los tests psicológicos y de aptitudes en el proceso de selección y han llevado a su prohibición en los Estados Unidos. Básicamente no cumplían con las leyes de equidad. Los tests intentaban examinar la personalidad de los candidatos y su capacidad para desempeñar un trabajo determinado. Consistían en hacer preguntas no muy concretas y abiertas a distintas interpretaciones que servían de base a los seleccionadores para justificar su opinión sesgada y la selección realizada.

Como no tenemos suficiente espacio para explicar todos los tests detalladamente, haremos un rápido repaso por los más importantes, tal y como se presentan en el libro *Effective Recruitment & Selection Practices,* de R. L. Crompton y A. R. Nankervis:

- ✎ Tests de aptitudes generales, que miden las aptitudes verbales, numéricas, rapidez mental, aptitudes espaciales, puntos fuertes y aptitudes de coordinación y percepción.
- ✎ Tests de aptitudes específicas, como son las aptitudes técnicas, la facilidad para los idiomas, etc.
- ✎ Tests de personalidad o de temperamento, realizados para evaluar la personalidad global, por ejemplo la introversión frente a la extraversión, la iniciativa o la creatividad.

Es importante mencionar dos tipos de tests: los psicométricos y los psicodinámicos. Los tests psicométricos comparan al individuo con el perfil estándar de una población concreta. Los tests psicodinámicos ponen el acento en la forma en que la persona reacciona, en consecuencia constituyen un enfoque más cualitativo.

Los tests más populares son el Test de Mecanismos de Defensa (DMT), original de Suecia, el Test de Raven, el Test de Watson-Glaser y el Test de los Colores.

El DMT consiste en que se presenta al candidato una hoja de gran tamaño con veinte cuadrados vacíos. Después se le enseña una diapositiva y tiene que dibujar en el cuadrado vacío la impresión que le ha producido el contenido de dicha diapositiva.

El Test de Raven utiliza una serie de matrices de complejidad creciente para medir la habilidad del candidato para resolver problemas de tipo visual.

El Test de Watson-Glaser, de forma similar, examina la capacidad lógica y de resolución de problemas, de evaluar información y de tomar decisiones.

En el Test de los Colores, el candidato debe colocar unas fichas de distintos colores de acuerdo con determinadas reglas. El producto final son dos pirámides que revelan detalles personales sobre el carácter y la inclinación intelectual de los candidatos.

5

REGLAS DE CONDUCTA ANTE UNA ENTREVISTA

ANTES DE LA ENTREVISTA

- Estudia este libro.
- Intenta recopilar información sobre la empresa con la que te vas a entrevistar.
- Averigua lo que puedas sobre el puesto de trabajo al que optas.
- Prepara tus respuestas haciendo uso de los modelos que encontrarás en el próximo capítulo de este libro y basándote en las características concretas del trabajo.
- Practica tus respuestas solo o con alguien que simule ser el entrevistador. Si es necesario, graba los ensayos en un vídeo o en una cinta para intentar mejorar el acento, la pronunciación, el tono de voz y la fluidez verbal.
- Prepárate la ropa para entrevistas y pruébate varias cosas hasta seleccionar el conjunto más acorde con lo que se suele llevar en el mundo laboral y con el que te sientas más a gusto.
- Un día o dos antes, acércate al lugar donde tendrá lugar la entrevista. Así podrás controlar el tiempo que tardas en llegar y podrás familiarizarte con los alrededores. Te sentirás mucho mejor cuando acudas a la misma.
- Intenta que la entrevista se celebre en tu mejor momento del día. Si crees que es por la mañana, entonces no fijes tu entrevista por la tarde. Evita los lunes y los viernes si puedes, ya que en esos días es más probable que el entrevistador se encuentre muy ocupado, o que esté cansado o enfadado.
- Comprueba el estado del coche o el horario del transporte público para salir con tiempo de sobra por si surgieran imprevistos. Llegar tarde a una entrevista es un pecado mortal.

❧ Córtate el pelo, arréglate la barba (los hombres), córtate las uñas, lávate bien los dientes. Haz todo lo posible por mejorar tu imagen.

❧ Toma algo ligero. Nunca acudas a una entrevista con el estómago vacío. Tampoco comas mucho si no quieres tener sueño o estar en baja forma antes y durante la entrevista.

❧ Si eres una persona nerviosa, o simplemente «vergonzosa», tómate una taza de café cargado. El efecto estimulante de la cafeína puede resultarte beneficioso. Yo personalmente utilizo unas cápsulas con extractos de hierbas debido a sus efectos tranquilizantes. Ambos métodos son buenos, pero ten cuidado de no tomar mucha cantidad. Haz la prueba días antes.

❧ Mientras esperas a que empiece la entrevista, practica técnicas de relajación. Respira profundamente e intenta tranquilizarte.

❧ Si transpira la palma de tu mano, asegúrate de que está seca al estrechar la del entrevistador. Estrechar la mano de alguien y notar que está un poco húmeda produce una sensación muy negativa.

DURANTE LA ENTREVISTA

❧ Compórtate siempre como un profesional. Actúa como se debe esperar de alguien que pertenece al mundo de los negocios.

❧ No hables demasiado.

❧ Escucha atentamente y busca pistas en todo momento. El modo de reaccionar del entrevistador ante tus palabras te dará la clave para elaborar tus respuestas.

❧ Cuando expliques los cambios producidos en tu historial laboral y los posibles espacios de tiempo vacíos, aduce siempre razones determinantes y positivas.

❧ Básicamente sé sincero. Pero prepárate a tener que «maquillar» tus respuestas si la situación lo requiere. En todo caso, proyecta siempre una imagen de honestidad y sinceridad.

❧ Plantea preguntas de relevancia, aquellas que te harán parecer inteligente, educado y con experiencia. Tus preguntas tienen que dar a entender que te has informado sobre la empresa. Esto te hará parecer una persona ambiciosa y llena de recursos.

❧ Nunca lleves libros a una entrevista (a no ser que lo soliciten).

- Establece e intenta mantener contacto ocular con el entrevistador.
- Sonríe. Muéstrate cordial y relajado. Proyecta una imagen de optimismo.
- No intentes venderte de forma demasiado exagerada.
- Nunca critiques a tu jefe anterior o al actual.
- Nunca des a entender que necesitas el trabajo desesperadamente.
- No cuentes chistes.
- No asistas a la entrevista acompañado de un amigo, con tu pareja, con niños o cualquier otra persona, ni aunque te esperen en la recepción.
- Nunca hables de tu vida personal. No reveles secretos laborales o asuntos internos de la empresa en la que te encuentras trabajando o en la que trabajaste anteriormente ni de cualquier otra empresa. El entrevistador sabrá apreciar el hecho de que, por discreción, no quieras responder determinadas preguntas. Le hará comprender que eres una persona de confianza, una cualidad cada vez más escasa.
- Siéntate derecho en la silla o ligeramente inclinado hacia adelante. Así parecerá que tienes gran interés y prestas mucha atención.
- Nunca juegues con las llaves, no te toques el pelo, la corbata, el reloj, una sortija, una pulsera o cualquier otro objeto.
- No juegues con las manos ni tamborilees con los dedos. No lleves las manos en los bolsillos, no te rasques la cabeza ni mucho menos hagas sonar los nudillos.
- No comas, ni bebas, ni fumes, ni masques chicle. No te metas el dedo en la boca.
- Nunca lleves gafas de sol, un sombrero o aparatos dentales.
- Evita oler a alcohol, ajo o cualquier olor fuerte.
- No comentes nada sobre el despacho del entrevistador, los muebles, la recepción, el aire acondicionado, etc.
- No contestes a una pregunta si no la has entendido bien. Pide que te la aclaren.
- Nunca utilices expresiones como «no lo sé», «creo que no», «no estoy de acuerdo», «¿qué me está preguntando usted?», «¿por qué quiere saber eso?» o similares.
- Intenta dar un tono ligeramente ameno a tus intervenciones. No contestes simple y llanamente a las preguntas. Utiliza ejem-

plos, sentimientos, analogías, comparaciones. Evita las frases hechas y los lugares comunes.

✎ Sé persuasivo. Habla en términos de los beneficios que obtendrá la empresa en caso de que te contraten. Refiérete siempre a sus intereses.

✎ Si no sabes la respuesta a una pregunta en particular, admítelo abiertamente. No intentes contestar. Piensa que nadie puede saberlo todo.

✎ Nunca llames al entrevistador por su nombre. Actúa de idéntica forma a como lo hace él.

✎ Si crees que el entrevistador te está insultando o si sientes que te están manipulando, abandona inmediatamente la entrevista. Tu dignidad es más importante que cualquier trabajo. Si te tratan así antes de ofrecértelo, ¿puedes imaginar cómo será tu vida cuando empieces a trabajar para ellos?

✎ Nunca saques a relucir el asunto del salario o de los beneficios, espera a que el entrevistador empiece a hablar de dinero, de lo contrario parecerá que es lo único que te interesa. Cuando negocies el salario, asegúrate de no ser el primero que mencione una cantidad determinada de dinero. La primera cantidad que se menciona siempre se modifica durante el proceso de negociación.

✎ Aunque algunos especialistas no están de acuerdo, yo pienso que tomar notas durante la entrevista es una buena medida (sólo cuando habla el entrevistador). Te resultará de utilidad en caso de que tengas que realizar una segunda entrevista, o bien a la hora de sopesar las ventajas de este trabajo frente a otras posibles ofertas. Pero ten cuidado de no pasarte tomando notas. Éstas deberán ser lo suficientemente breves como para permitir el contacto ocular constante con el entrevistador.

DESPUÉS DE LA ENTREVISTA

✎ Manda siempre una nota de agradecimiento, como, por ejemplo, la que figura en página siguiente.

✎ Recopila toda la información conseguida durante la entrevista. A ser posible inmediatamente después de su celebración. Puede ser de gran valor en el futuro ya que te permitirá evaluar tu

Arturo Rodríguez
Paseo del Puente, 25
28080 Madrid

Dña. Ana María López
Roberts & Partners
C/ Este, 97
08003 Barcelona

28 de febrero de 200X

Estimada Sra. López:

Deseo agradecerle el haber podido entrevistarme con usted en relación al puesto de trabajo como asesor jurídico. Tras haber hablado sobre esta oportunidad laboral, pienso que Roberts & Partners me permitiría desarrollar mis aptitudes y conocimientos para contribuir al éxito de su empresa.

Estaría orgulloso de trabajar en una firma tan prestigiosa como la que usted representa, pues constituiría para mí un auténtico privilegio el pertenecer a su equipo de trabajo.

Reciba un atento saludo,

Arturo Rodríguez

actuación y así evitar los errores. A la larga, te resultarán útiles los siguientes aspectos:

— El nombre de la empresa y del entrevistador.
— La impresión general que te han producido la empresa, el trabajo y el entrevistador.
— Las preguntas realizadas por el entrevistador y las áreas de interés.
— Las reacciones del entrevistador ante tus respuestas.
— Los comentarios realizados por el entrevistador sobre el currículum, el expediente académico o el historial laboral.
— La información proporcionada por el entrevistador acerca del puesto de trabajo.
— El lenguaje no-verbal del entrevistador.

✎ Inmediatamente después de la entrevista, analiza tu actuación y anota las impresiones producidas. Este punto tendrá un valor incalculable a la hora de preparar futuras entrevistas con esta misma empresa o para otros procesos de selección a los que te presentes.

En resumen, éstos son los puntos que debes abordar en tu análisis posterior:

— Tus mejores respuestas (a juzgar por la reacción del entrevistador).
— Tus peores respuestas.
— Tu lenguaje no-verbal y tu comportamiento.
— Las preguntas que has realizado, si eran relevantes y apropiadas.
— Otros detalles de importancia (si llegaste a la hora, o bien cómo saludaste al entrevistador).
— Qué es lo que cambiarías o introducirías si pudieras repetir la experiencia.

✎ Sé persistente. Si no tuvieras éxito en una entrevista con una persona en particular, no pienses automáticamente que esa empresa no tiene sitio para ti.

Yo acudí, a lo largo de dos años, a tres entrevistas con la empresa en que trabajo ahora. Y a pesar de que, por varias razones, no tuve éxito en las dos primeras, la tercera fue la que me proporcionó el trabajo. La experiencia recabada durante las dos primeras ocasiones me permitió pensar en términos de los beneficios de la empresa, preparar mis respuestas y pulir mi actuación en el tercero y último encuentro. Como habrás podido imaginar, me seleccionaron para ocupar ese puesto entre 40 candidatos, muchos de ellos probablemente tan cualificados y experimentados como yo. Antes de la última entrevista, yo había preparado un informe que contenía datos sobre las preguntas realizadas, mis respuestas, los nombres de los entrevistadores, así como detalles de importancia sobre la compañía, sus operaciones y su filosofía. Estudié toda esta información, me preparé de forma adecuada y así logré mis propósitos.

6

PREGUNTAS, RESPUESTAS Y SORPRESAS

Preguntas duras requieren respuestas duras.

PLUTARCO

Este capítulo contiene algunas de las preguntas más comunes en una entrevista. Hay un número limitado de cuestiones posibles con las que te puedes encontrar. Variarán ligeramente en el contenido y en el orden, pero las mejores respuestas serán siempre las mismas.

Tienes que intentar descubrir el verdadero significado que se esconde detrás de cada pregunta, los temores del entrevistador y sus preocupaciones, que son el verdadero motivo por el que te plantea determinadas preguntas. Una vez reconocidos tales temores y preocupaciones estarás en condiciones de responder de forma óptima. Para ello te serán de gran ayuda los comentarios en cursiva que incluyo después de cada pregunta.

Sugiero una respuesta tipo a cada pregunta. Tú deberás ampliarla o cambiarla para ajustarla a tu caso concreto. No cambies su significado de forma drástica, utilízala como punto de partida para tu guión. Algunas preguntas requieren respuestas muy concretas sobre tu ocupación o tu experiencia, por esa razón aquí sólo se proporciona un pequeño consejo sobre cómo enfocar la respuesta.

La tarea del entrevistador consiste en evaluar varias áreas de tu currículum, tales como la experiencia laboral, la educación, las aptitudes de comunicación, salarios recibidos en el pasado, aptitudes de liderazgo, etc. Las preguntas que se incluyen están agrupadas de acuerdo con dichas áreas.

Hay, por lo menos, seis preguntas en cada área. Como posiblemente el entrevistador no te preguntará todas, puedes intercambiar las respuestas. Es posible que una misma cuestión comprenda dos o, aunque no es tan probable, más preguntas. En este caso, procura recordar todo e intenta responder una por una y de forma ordenada a todas las cuestiones planteadas. La mayoría de la gente responde a la primera pregunta y olvida las restantes. Algunos entrevistadores utilizan esta táctica (la de plantear varias preguntas en una) para comprobar la memoria y la capacidad de concentración del candidato.

Algunas son más importantes que otras por el impacto que van a producir en el entrevistador. Si se contestan de forma inadecuada pueden suponer tu automática eliminación del proceso de selección. Presta una atención especial a estas preguntas. Casi todos los entrevistadores las utilizan en una evaluación inicial. Si pasas esta dura prueba, serás un candidato con posibilidades. Si fallas, el final de la entrevista está al caer.

> Como ocurre en una actuación de teatro o al hablar en público (la entrevista de trabajo tiene elementos de ambas situaciones), la práctica es de vital importancia. No es suficiente con saberse las respuestas. Tienes que ser capaz de decirlas de la mejor forma posible.

El sistema es muy sencillo: graba las preguntas y tus propias respuestas en una cinta. Escúchala en tu tiempo libre. Cuando recuerdes todas las preguntas y todas las respuestas, graba otra cinta, esta vez sólo con las preguntas, y deja tiempo para poder intercalar tus respuestas. Hazlo frente a un espejo y observa tu actitud y tu lenguaje no-verbal.

> Una práctica perfecta es la base para una perfecta actuación.

DETALLES PERSONALES

1. ¿Tiene permiso de conducir vigente?

Respuesta: Sí, tengo permiso de conducir válido hasta el año 200X.

Si no tienes permiso de conducir, puedes decir que lo obtendrás pronto, especialmente si el trabajo lo exige.

2.   ¿Ha tenido alguna multa de tráfico?
Si te ha ocurrido alguna vez, explica las circunstancias y expresa tu total determinación para que eso no vuelva a ocurrir.
Respuesta: Siempre conduzco de forma prudente, y en esta circunstancia nunca bebo alcohol. Sin embargo, una vez iba con mucha prisa porque llegaba tarde a una cita y sobrepasé el límite de velocidad. No he tenido mayores problemas.

3.   ¿Sufre de alguna enfermedad crónica o discapacidad?
No es muy ético formular este tipo de preguntas. Si decides contestar, puedes hacerlo más o menos así:
Respuesta: Mi salud es buena en general. Hago ejercicio de forma regular y controlo el peso. Durante algunos años tuve *(la tensión ligeramente alta, diabetes, asma),* pero ahora está controlado. No tengo síntomas. Además esta circunstancia nunca ha afectado a mi trabajo.
O bien:
Mi salud es muy buena. No tengo enfermedades crónicas. *(Esta respuesta es mucho más aconsejable.)*

4.   ¿Tiene coche? ¿Si es así, qué marca y qué modelo?
Respuesta: En este momento no tengo coche porque acabo de vender el que tenía, pero si el trabajo requiere disponer de un coche presentable y seguro, estoy dispuesto a comprar uno tan pronto como sea posible.
O bien:
Tengo el último modelo de *(Focus, Astra, Audi).*

5.   ¿Vive lejos de aquí?
Respuesta: Vivo a unos 11 km escasos. He tardado exactamente 18 minutos en llegar, que no está nada mal si consideramos que he salido de casa a la hora punta.

6.   Si acepta este trabajo tendrá que fijar su lugar de residencia en otra ciudad. ¿Es esto un problema para usted?
Asegura que conocías los requerimientos del trabajo de antemano y que estás dispuesto a mudarte a cualquier parte (si realmente lo estás).
Respuesta: Como ya tenía conocimiento de este hecho, antes de mandar el currículum discutí el asunto con mi pareja y a ella (o a él) le encantaría ir a vivir a Zaragoza. El ambiente en esa ciudad es muy similar al que nosotros estamos acostumbrados y, además, allí te-

nemos buenos amigos. Pienso que no nos llevaría mucho tiempo adaptarnos al cambio.

7.   Según expresa en su currículum, conoce el inglés y el italiano. ¿Cuál es su nivel en cada uno de estos idiomas?
Respuesta: Estudié inglés en la escuela y durante el bachillerato. Posteriormente mejoré mis conocimientos acudiendo a una academia de idiomas. Durante un verano trabajé en Londres para mejorar mi inglés. Hablo este idioma con bastante fluidez.
O bien:
Mi pareja imparte clases de italiano y a mí me ha enseñado las nociones básicas del idioma. No tengo mucha fluidez verbal pero leo y escribo en italiano bastante bien.

8.   ¿Está afiliado a alguna asociación profesional?
Si el puesto de trabajo exige tu afiliación a alguna asociación en particular, asegura que la solicitarás inmediatamente. Si ves que el entrevistador se muestra en general contrario a las asociaciones profesionales, y en el caso de que pertenezcas a alguna, explica que te limitas a pagar tu cuota sin participar en ninguna actividad de la misma.
Respuesta: Fui miembro de la asociación profesional durante los pasados seis años pero no participo en sus actividades.

EDUCACIÓN Y FORMACIÓN

> *Las facultades no producen profesionales competentes, producen licenciados.*
>
> ANÓNIMO

1.   ¿En qué universidad estudió?
Respuesta: Después de finalizar la selectividad, estudié Ingeniería Industrial en la Universidad Politécnica de Madrid y, finalmente, me gradué con un buen expediente académico.

2.   ¿Cree que su familia influyó en su decisión de realizar esos estudios?
Resalta el hecho de que fuiste tú quien elegiste tu futuro. El que unos padres tomen decisiones por uno mismo es un motivo de descalificación en una entrevista.

Respuesta: Mis padres hicieron varias sugerencias, pero nunca han intentado influir en mis decisiones. Comprendieron que ya había decidido lo que quería estudiar y que sabía lo que quería, en consecuencia dejaron que fuera yo quien decidiera.

3. ¿Qué especialidad escogió?
Respuesta: Me especialicé en _____. Siempre me han gustado los retos y las satisfacciones que puede reportar esta interesante profesión.

4. ¿Y cree que su elección fue positiva?
Si trabajas en esa misma especialidad:
Respuesta: Estoy muy contento con la decisión que tomé. Aunque tengo otras cualidades, estoy completamente seguro de que mis aptitudes son las apropiadas para esta profesión que, además, me permite poner a prueba mi conocimiento y mis capacidades. Me proporciona grandes satisfacciones.

Si no trabajas en esa especialidad:
Trabajé durante un tiempo como _____ y aprendí y mejoré en mi trabajo. Sin embargo, posteriormente decidí ampliar mi experiencia en _____ *(menciona el puesto de trabajo para el que te estás entrevistando)*. De esta forma he podido desarrollar mi creatividad y flexibilidad laboral adquiriendo nuevos conocimientos que puedo utilizar actualmente.

5. ¿Piensa que cuenta con una buena preparación para responder a los retos que plantee su nuevo puesto de trabajo?
Respuesta: Mi educación y mi formación me han proporcionado una fundamentación sólida en la que he construido mis conocimientos básicos y me han facilitado la confianza suficiente como para enfrentarme a futuros cambios. En la universidad tuve que trabajar duro y dar lo mejor de mí para alcanzar unos resultados muy satisfactorios. En el trabajo aplico el mismo principio. Mi capacidad para la resolución de problemas y para alcanzar los objetivos me ha resultado de gran utilidad para los puestos de trabajo que he ocupado con anterioridad.

6. ¿Cómo fue su rendimiento académico en la universidad?
Respuesta: Mis notas estuvieron casi siempre por encima de la media. Además participaba en muchas actividades extracurriculares, en clubs y asociaciones de estudiantes.

7. ¿Trabajó durante sus estudios universitarios?

Si trabajaste a tiempo parcial para pagar los gastos de estudio, no dudes en decirlo. Esta circunstancia muestra una gran fuerza de voluntad y determinación para trabajar duro. Tampoco viene nada mal hacer referencia a alguna beca, sobre todo si se obtuvo gracias al expediente académico.

Respuesta: Cuando estaba en la universidad trabajé a tiempo parcial para poder pagarme los estudios, aunque también me ayudó mi familia. Además, recibí una beca de _____.

8. ¿Cuáles eran sus asignaturas favoritas?

Menciona alguna asignatura que tenga que ver con el trabajo para el que te presentas.

Respuesta: Siempre me interesó mucho _____ *(el comercio, el marketing)*, y cuando empecé a estudiar esa materia descubrí todas las posibilidades que tiene. Posteriormente realicé otros cursos que reforzaron mi interés y me ayudaron a profundizar en esa área. Así me di cuenta de que tenía posibilidades de conseguir el éxito en ese campo.

9. ¿Necesitó alguna vez acudir a clases complementarias para aprobar determinadas asignaturas?

Nunca digas que recibiste clases particulares, aunque así fuera. Esta información no se puede comprobar y además no influye para nada en tus aptitudes actuales.

Respuesta: Como siempre me encontraba entre los primeros de la clase, nunca necesité clases complementarias u otro tipo de ayuda. Acudí a las clases ordinarias con regularidad y no tuve ninguna dificultad en seguirlas.

10. ¿Qué parte de los conocimientos adquiridos en la universidad piensa que son aplicables a este trabajo?

La respuesta ideal sería «todos los conocimientos adquiridos en la universidad». Pero en realidad son sólo unos pocos. Intenta que tu respuesta se aproxime más a «todos los conocimientos...».

Respuesta: Este puesto requiere el conocimiento que yo adquirí en la universidad. La mayor parte de los cursos que realicé tienen que ver directamente con este trabajo. Mis conocimientos sobre _____ y especialmente sobre _____ me facilitarán enormemente el realizar sin dificultades todas las tareas que se me asignen.

11. ¿Qué materias le resultaron más difíciles?

Menciona alguna materia que no tenga nada que ver con el trabajo al que te presentas.

Respuesta: Nunca me interesó mucho _____ *(la historia, los idiomas, la literatura clásica)*, pero hice todo lo posible para obtener buenas notas en esa asignatura.

12. ¿Qué materias le resultaron más fáciles?

Haz referencia a materias que tengan que ver con el mundo de la empresa o que estén directamente relacionadas con el trabajo.

Respuesta: Siempre me han gustado _____ *(las matemáticas, la física, la informática)*. Además, las notas que obtuve fueron bastante buenas. Por otro lado, estos conocimientos me han servido de gran ayuda en los estudios que realicé con posterioridad y en mi experiencia laboral.

13. ¿Piensa continuar con sus estudios para la obtención de (la diplomatura, la licenciatura, el doctorado, un máster)?

Respuesta: Cuando terminé mis estudios universitarios pensé que necesitaba adquirir conocimientos sobre dirección de empresas. En consecuencia, empecé un máster que terminaré el año que viene. Debido a su carácter preferentemente práctico, todo lo aprendido se puede aplicar perfectamente a mi trabajo.

14. ¿Ha recibido algún tipo de formación adicional desde que terminó sus estudios?

En esta pregunta, el entrevistador quiere saber si te has preocupado de ponerte al día en tus conocimientos. Ésta es una buena oportunidad para ganar puntos.

Respuesta: Después de haber finalizado los estudios, he aprovechado cualquier oportunidad para ponerme al día. He asistido a varios cursos, algunos de ellos organizados por la empresa en la que trabajo y a otros asistí por mi cuenta. La inversión que he realizado en mi formación ha dado buenos resultados, ya que me ha permitido actuar con mayor eficacia y adquirir unas aptitudes que se pueden aplicar directamente a mi trabajo.

O bien:

Hasta la fecha he aprovechado cualquier oportunidad que se me brindaba en el trabajo para mejorar mis conocimientos. Para el próximo año tengo pensado matricularme en un curso de _____ para afianzar mis conocimientos de la materia.

CARACTERÍSTICAS PERSONALES

A todos los jóvenes que se acercan y me preguntan cómo hice fortuna les contesto lo mismo. No sigas a la masa. Apártate del camino trillado. Sé un poco loco.

JENO PAULUCCI, *Cómo conseguí 100 millones de dólares a toda velocidad*

Capacidad de observación

1. ¿Le aburren los trabajos que requieren prestar mucha atención?

Esta pregunta es muy apropiada para el caso de tareas de tipo manual o en que haya que tener en cuenta muchos detalles a la vez, como son las relacionadas con el diseño, la contabilidad o la artesanía. Aunque el puesto al que te presentes sea de supervisor o directivo (para cuyo desempeño es más importante la resolución de problemas y la toma de decisiones), siempre tendrás que enfrentarte a situaciones en que haya que considerar muchos factores al mismo tiempo.

Respuesta: En el trabajo que realizo actualmente cuido todos los detalles. Para optimizar los resultados es necesario ser eficaz en el trabajo diario, lo que incluye prestar atención a cualquier mínimo aspecto. Si una persona no es capaz de realizar las tareas básicas ¿cómo podemos esperar que responda satisfactoriamente ante problemas de mayor importancia? En consecuencia, independientemente del proyecto global en el que esté trabajando, los pequeños detalles tienen siempre una alta prioridad en mi trabajo.

2. ¿Le gustan las tareas que impliquen análisis matemáticos?

Respuesta: Se me dan bien los números. Estudio matemáticas desde que era muy joven y he utilizado esos conocimientos en bastantes ocasiones. Mi decisión de trabajar como *(contable, estadístico, ingeniero)* refleja perfectamente esa inclinación hacia los números. Me gusta el análisis matemático porque obliga al pensamiento organizado y ayuda a enfrentarse a los problemas de forma sistemática. Mis conocimientos en ese campo me han servido mucho para todas las áreas de mi trabajo.

3. ¿Qué procedimientos utiliza para controlar los posibles errores?

Respuesta: Es relativamente fácil mediante la ayuda del ordenador personal y de los programas informáticos, tales como las hojas de cálculo y los procesadores de texto. A medida que el proyecto avanza, compruebo todos los hechos y las cifras que se barajan de forma regular y llevo al día el inevitable papeleo. Siempre leo un texto mecanografiado antes de firmarlo para asegurarme de que no haya errores.

4. Cuénteme qué sucedió cuando usted o sus superiores encontraron un error en su trabajo. ¿Cuáles fueron las consecuencias?

Respuesta: La verdad es que no he cometido demasiados errores debido a mi capacidad de observación y a la atención que pongo en todos los aspectos de cada tarea. Es posible que me haya equivocado en situaciones determinadas, como cuando disponía de poco tiempo o no tenía suficiente información. Una vez preparé un listado numérico para una presentación que debía tener lugar al día siguiente. Justo antes de la reunión se descubrió un error que tuve que corregir urgentemente. Menos mal que se encontraba casi al final del listado, con lo cual sólo tuve que modificar una mínima parte y finalmente todo salió bien.

5. ¿Se aburre o pierde interés cuando debe realizar la misma tarea una y otra vez?

Respuesta: Casi todo el mundo se ve obligado a realizar estas actividades de tipo rutinario. Si mi trabajo implica tareas repetitivas tendré que intentar hacerlas lo mejor posible. Actualmente tengo pendientes de forma regular una serie de cosas, pero no me parecen aburridas ni poco interesantes. Además, con la cantidad de trabajo que tengo no me puedo aburrir, porque siempre habrá algo que hacer.

Energía

1. ¿Cuándo se encuentra en mejor disposición para trabajar, por la mañana o por la tarde?

Casi todos tenemos una parte del día preferida en que nos sentimos mejor y podemos producir mejores resultados. De todas maneras, esta pregunta intenta conocer tu nivel de energía. Nunca digas cosas como: «Trabajo mucho mejor por la mañana, después de la comida estoy exhausto y necesito descansar un poco».

Respuesta: La parte del día no influye normalmente en mi rendimiento y en mi energía, pero prefiero realizar las tareas principales por la mañana y dedicar la tarde a la planificación, el diseño y puesta al día en el papeleo. Casi nunca me canso, incluso cuando realizo horas extras. Pero es verdad que hay horas del día más propicias para determinadas actividades.

2. ¿De qué forma se pone al día a la vuelta de unas vacaciones o de una ausencia prolongada de su lugar de trabajo?

Además de comprobar tu vitalidad, esta pregunta indica si eres una persona organizada. Tienes que resaltar que eres consciente de la importancia de establecer prioridades entre las distintas tareas.

Respuesta: Si se da una situación así, intento pasarme un rato por la oficina el día antes de mi reincorporación oficial, sea domingo o entre semana. Así puedo echar un vistazo al correo y a los mensajes, situarlos por orden de importancia y grado de urgencia, y planificar mis actividades para la semana que tengo por delante.

Durante los primeros días estoy muy ocupado. Siempre hay alguien a quien llamar, mensajes que contestar y asuntos que resolver. Esto requiere mucho tiempo de trabajo fuera de horario, pero es algo que yo siempre he hecho, especialmente tras una larga ausencia del lugar de trabajo.

3. ¿Cómo ocupa su tiempo libre?, ¿hace ejercicio?

Respuesta: Siempre intento pasar mi tiempo libre con la familia. Practicamos deporte, damos un paseo o realizamos las tareas domésticas. Las noches las dedico a mis hobbies o me pongo al día en la lectura. Por las mañanas hago ejercicio, doy largos paseos, hago footing o levanto pesas.

4. ¿Qué tipo de actividad le cansa más?

Tal y como está planteada, esta pregunta tiene su truco. Puedes caer en la trampa en caso de que contestes afirmativamente. Haz alusión al hecho de que no te cansas fácilmente, sea cual sea el tipo de actividad que realices.

5. ¿Ha trabajado alguna vez en horario nocturno?

Respuesta: Hace años trabajé en bastantes ocasiones por la noche. Si este trabajo requiere trabajar de noche yo estoy totalmente dispuesto a hacerlo.

O bien:
Hasta la fecha nunca, pero me he quedado muchas veces en la oficina hasta bien entrada la noche. Si este trabajo exige realizar algunas jornadas nocturnas, puedo hacerlo sin ningún problema.

6. ¿Cuántas horas seguidas ha llegado a trabajar como máximo?
La respuesta depende del tipo de trabajo que realices y de las circunstancias particulares. No digas simplemente: 12 horas. Explica el problema con pelos y señales, la urgencia de la situación, las aptitudes que eran necesarias, etc.

Respuesta: En bastantes ocasiones en que hay una urgencia o es necesario resolver un problema rápidamente, como por ejemplo ____ *(fallos en la maquinaria, operaciones urgentes, etc.)*, he llegado a trabajar durante muchas horas, unas _____ *(12, 16, 20)*. En mi profesión es necesario trabajar gran cantidad de horas seguidas para terminar a tiempo.

Iniciativa y creatividad

> *No hay nada tan difícil, de tan dudoso éxito ni tan peligroso como el iniciar un nuevo orden de cosas.*
>
> MAQUIAVELO

✎ *Tomar decisiones activamente para alcanzar los objetivos.*
✎ *Disposición activa hacia la acción más que la observación pasiva.*
✎ *Hacer las cosas de distinta manera y de forma más eficaz.*
✎ *Intentar realizar más de lo que se pide.*

Palabras clave: ambición, empuje, motivación, autoarranque, innovación, máximo rendimiento.

1. ¿Ha trabajado alguna vez en solitario o sin supervisión directa?
Para los entrevistadores, la capacidad para trabajar en solitario es algo muy importante. Nadie quiere contratar a un candidato que necesita tener siempre un supervisor detrás de él diciendo qué hay que hacer, cuándo, cómo y por qué.

Respuesta: En mi trabajo anterior como capataz trabajé durante largas horas en zonas alejadas sin supervisión directa. Ocasionalmente consultaba con un ingeniero sobre ciertos problemas técnicos pero, en general, supe solucionar todos los inconvenientes y dirigí un grupo de trabajo sin ninguna ayuda.

2.   ¿Qué cosas ha hecho para que su trabajo resulte más productivo o más desafiante?

Aprovecha la ocasión para comentar las ideas que has llevado a la práctica y los nuevos proyectos o innovaciones que hayas implantado. Especifica todos los puntos sin olvidar tres elementos básicos: situación (es decir, el problema), acción realizada y resultados.

3.   ¿Piensa que es usted una persona innovadora?

Respuesta: Intento serlo. Cuando tengo que realizar una tarea determinada o un problema que resolver, siempre pienso en las diferentes vías que pueden conducir al éxito en esa tarea o en la solución del problema. La mayoría elige el camino que ofrezca menos resistencia, pero la solución más fácil casi nunca es la mejor. Me gusta investigar nuevas posibilidades y considerar nuevas formas de hacer las cosas utilizando métodos nuevos para alcanzar los objetivos.

4.   Ponga algunos ejemplos de proyectos o trabajos en que usted hizo más cosas de las requeridas.

Con esta pregunta el entrevistador intenta saber lo que significa para ti un trabajo bien hecho y evaluar tu historia laboral.

Respuesta: Para alcanzar unos resultados óptimos me esfuerzo más de lo que se supone que merece el trabajo en cuestión. Lo hago de forma natural, como parte de mi ética profesional. No me gustan los trabajos mediocres porque conllevan resultados mediocres.

Ahora añade un ejemplo o dos tomados de tu propia experiencia que ilustren lo que acabas de decir.

5.   Dígame qué proyectos inició o se pusieron en marcha a partir de una idea suya.

Muchos entrevistadores valoran positivamente la capacidad para reconocer los problemas y los asuntos que necesitan atención y hacer algo para resolverlos o rectificarlos. Con tu respuesta tienes que convencerles de que no eres un simple observador pasivo ni alguien que sigue a la masa, sino una persona llena de recursos y con iniciativa propia.

6. ¿Ha ideado alguna fórmula que permita facilitar o hacer más interesante el trabajo?

Esta pregunta se dirige a los supervisores o a los directivos que controlan y dirigen un grupo de gente. Existen muchas ideas y métodos de dirección nuevos surgidos con el propósito de hacer del trabajo una actividad más interesante y desafiante. Puedes hacer referencia al éxito obtenido en la implantación de algunos de estos esquemas o programas, como por ejemplo aquellos que requieran una mayor participación de los trabajadores, que comprometan a todo el grupo en la toma de decisiones, competiciones entre equipos o programas del tipo «El empleado del mes». Toda idea original e innovadora te dará puntos.

7. ¿Hay alguna cosa que usted haga o algún método diferente a lo que suelen hacer los demás (economistas, directivos, vendedores)?

Ser original e innovador siempre es bueno en su justa medida, de lo contrario puedes dar la imagen de persona impredecible o de tipo raro o inadaptado. Concéntrate en los métodos y prácticas laborales relativamente comunes, no demasiado exóticos.

Respuesta: La persona creativa tiene sus propias técnicas y sus medios para alcanzar los resultados deseados y finalizar el trabajo de forma satisfactoria. Todos disponemos de nuestras pequeñas fórmulas secretas que, en ocasiones, suponen grandes éxitos. Ninguna de estas técnicas es universal y no sirve para todo el mundo. Lo que para ti funciona puede que a mí no me sirva, y viceversa.

Ahora refiere una o dos de tus «especialidades» o métodos que utilizas porque funcionan bien.

Integridad

Es importante mantener algo, de lo contrario te derrumbarás por cualquier cosa.

JOHN COUGAR MELLEMCAMP

✎ *Mantener y observar las normas sociales, éticas y organizacionales en las actividades laborales.*
✎ *El valor de la honestidad y de la honradez.*

1. **Algunas veces la gente tiene que disfrazar la verdad si quiere presentar un trabajo bien hecho. Ponga un ejemplo de alguna actuación suya en este sentido.**

Esta es la clásica pregunta pensada para pillar al candidato. Está planteada de forma que hace creer que tal comportamiento es común y no necesariamente negativo e incluso permitido. No caigas en la trampa. El entrevistador pretende que admitas que en algún momento te comportaste de forma poco íntegra. El juego limpio y la integridad personal siguen siendo cualidades muy apreciadas por los entrevistadores, especialmente por aquellos de orientación más europea. Los seguidores de la mentalidad típica americana dan más importancia al hecho de ganar, mientras que los europeos piensan que lo importante es participar.

2. **¿Se ha saltado alguna vez una norma de la compañía?**

Otra pregunta hecha con malas intenciones. Algunos entrevistadores se muestran especialmente sensibles en lo relativo a sus normas, reglas y formas de actuar. Consideran cualquier pensamiento individualista o cualquier forma alternativa de ver las cosas como una prueba de deslealtad y de falta de obediencia a la empresa. Aquí tu respuesta debe ser rotunda: NUNCA.

Respuesta: Pienso que es necesario fijar unas formas de actuación, unas reglas para sacar adelante un negocio porque éstas garantizan la aplicación general de las medidas de igualdad, de consistencia y de seguridad. Propician la creación y el mantenimiento de un ambiente laboral satisfactorio. Mi opinión personal es que hay que observar siempre las normas y asegurarse de que los subordinados también lo hagan.

3. **Algunos vendedores tienden a exagerar las cualidades del producto para venderlo. ¿Qué opinión le merece esta técnica?**

Respuesta: Nunca utilizo la técnica de la «exageración». Mi filosofía de venta parte de la base de que el cliente merece un consejo imparcial y honesto sobre los productos o servicios que va a adquirir. Todo aquel que intente engañar al comprador crea una imagen negativa de la empresa y de sí mismo y pierde credibilidad, que es una de las cualidades más valiosas en el mundo de los negocios.

4. **¿Hizo alguna vez alguna cosa sin sentido?**

Refiérete a tu niñez. Pon un ejemplo tomado de ese período de tu vida. A no ser que te estés entrevistando para un puesto de trabajo en un circo, di que nunca has hecho nada tonto. Tienes por costumbre pensar antes de actuar y siempre asumes toda la responsabilidad.

Respuesta: Aunque no rechazo la diversión de vez en cuando, pienso que en un lugar de trabajo nunca se deben hacer tonterías. Mi actitud siempre ha sido madura, fiable y profesional. Suelo considerar los pros y los contras antes de hacer algo, no me gusta actuar de forma impulsiva e inmadura.

Motivación laboral

1. Nómbreme algunos de los aspectos de su trabajo que le parezcan más motivadores.

Respuesta: Siempre fui una persona muy motivada. Me agrada comprobar que he realizado un buen trabajo. La satisfacción laboral conlleva la realización de mayores esfuerzos. Asimismo, me gusta rodearme de gente capacitada, trabajadora y que sabe participar activamente en un equipo. Me encuentro a gusto en mi relación con mis compañeros de trabajo y soy partidario del espíritu de equipo.

2. Relate alguna ocasión en que se sintió orgulloso de los resultados obtenidos tras realizar un gran esfuerzo.

Esta pregunta es muy parecida a la número 4. Puedes utilizar el mismo tipo de respuesta poniendo énfasis en los factores fuente de motivación en esas ocasiones.

3. ¿Por qué dejó su trabajo anterior?

Respuesta: Era bastante interesante y creativo. Requería trabajar duro y ofrecía nuevos retos cada día. Al principio aprendí mucho, pero después comprendí que me estaba especializando en un campo muy reducido. Necesitaba aprender otras cosas y adquirir conocimientos en otros aspectos de _____ (la venta, recursos humanos, etc.). También comprendí que tendría que ampliar mis horizontes si quería ser capaz de responder a futuras demandas laborales.

4. ¿Cuáles fueron los acontecimientos o las personas más importantes en el transcurso de su carrera?

Respuesta: Mi carrera empezó a desarrollarse ya en la escuela. Mi profesor de _____ *(matemáticas, arte, inglés)* reconoció mis buenas aptitudes en _____ *(cálculo, dibujo, literatura)* y me animó a seguir en esta área, influyendo en mi elección de estudios. En la universidad los profesores me ayudaron a adquirir grandes conocimientos sobre la materia porque sus clases eran bastante buenas. En el trabajo he tenido el privilegio de trabajar y aprender junto a prestigiosos _____ *(cirujanos, abogados, artistas gráficos)*. La experiencia adquirida en ese período de tiempo me preparó para seguir adelante en mi carrera.

5. ¿Cómo fue el mejor jefe que tuvo?

El entrevistador quiere averiguar qué tipo de persona sabe sacar el mayor provecho de tu trabajo y con qué gente te gusta trabajar. Hablar de la gente a la que se aprecia revela más información sobre uno mismo que sobre las personas a las que se hace referencia. También es importante el haber trabajado para un buen profesional, ya que proporciona la oportunidad de aprender más cosas que un jefe incompetente, ya que éste último no es un modelo a seguir.

Respuesta: El mejor jefe que tuve era justo y consistente en sus actuaciones. Esperaba mucho de mí pero también me dio bastante. Gracias a él aprendí cosas muy útiles, así como métodos de trabajo eficaces. Supo mantener mi motivación laboral y me animó a esforzarme más.

Nunca ordenaba lo que había que hacer ni cuándo había que hacerlo, más bien dejaba que yo decidiera e incluso que tuviera pequeños errores, ya que esto formaba parte de mi educación. Siempre nos tratamos con respeto y confianza y hemos continuado siendo amigos después de que yo dejara la empresa. Me considero una persona afortunada porque al comenzar mi carrera tuve la suerte de tropezar con alguien tan válido como supervisor y como profesor, además de ser una bellísima persona. Me sirvió como modelo y me ayudó a desarrollar mi propio estilo de liderazgo y mi capacidad para relacionarme con las personas.

6. Describa al peor jefe que tuvo.

Terreno resbaladizo. ¿Recuerdas la regla «nunca critiques a tus anteriores jefes»? Explica claramente cuáles eran los problemas que tenía esa persona y recalca el hecho de que a todo el mundo le sucedía lo mismo, que no eras sólo tú quien tenía problemas con él o con ella. Menciona qué pasos diste para intentar mejorar las relaciones entre vosotros dos y los resultados de tus esfuerzos (si es que los hubo).

7. **¿Por qué escogió esta profesión en particular?**

Respuesta: Mi interés en _____ *(menciona tu campo de especialización)* se remonta a los tiempos escolares. Ya entonces demostré estar muy capacitado/a para _____ *(relaciona las aptitudes necesarias para el trabajo y para tu profesión)* y por eso elegí mi actual profesión. Pienso que este campo es muy interesante, requiere mucho de uno mismo y trabajar duro, pero también proporciona grandes oportunidades y recompensas por el trabajo bien hecho. Encaja perfectamente con mis aptitudes y mis planes profesionales. Me pensaría dos veces el cambiar de profesión.

8. **¿Qué áreas de su trabajo le gustan más?**

Responde de acuerdo con el puesto para el que te estás entrevistando. Si se trata de un trabajo como ingeniero de proyectos, enfatiza tu inclinación hacia el diseño, control de presupuestos, negociación con el cliente y con los consultores, etc. Si el trabajo tiene que ver con las ventas, resalta tu interés en contactar con clientes, viajes, y cosas por el estilo.

9. **Describa su empresa ideal. La empresa en la que le gustaría trabajar.**

Es relativamente fácil definir el lugar de trabajo ideal, pero no olvides incluir algunas características propias de la empresa con la que te estás entrevistando. Algunos lo llaman adular, pero yo lo llamo oportunidad de conseguir más puntos. Considera la siguiente introducción y finaliza con algunos aspectos positivos de la empresa del entrevistador.

Respuesta: Una empresa próspera es la que sabe inyectar a sus trabajadores los estímulos y los retos que necesitan y buscan para alcanzar sus propósitos. Es un lugar de trabajo seguro que trata al personal de forma justa. La gente acude cada día con ganas de trabajar y de dar lo mejor para alcanzar los objetivos de la empresa.

10. **¿Cuántas horas al día trabaja actualmente?**

Aunque trabajes sólo 8 horas al día, menciona que ocasionalmente haces horas extras, te llevas trabajo a casa, haces viajes de trabajo y cosas del estilo. A los empresarios les gusta la gente que tiene la costumbre de hacer más de lo que se les exige. Les hace sentirse bien el encontrarse con personas así.

Respuesta: Mi horario de trabajo es de _____ *(ocho a cinco de la tarde, de nueve a seis)*, pero suelo trabajar unas nueve o diez horas al día y un poco los sábados, para descargarme de trabajo.

Resistencia

✎ *La capacidad o habilidad para recuperarse rápidamente de una situación estresante, después de haber sufrido una presión de cualquier tipo, una decepción, tras sufrir un desprecio, un rechazo, una crítica o que alguien se olvidó de nosotros, y seguir siendo igual de eficiente.*

1. Cuénteme cuál fue la mayor decepción que sufrió en su carrera y cómo logró superarla.

Respuesta: No puedo decir que haya sufrido grandes decepciones. Siempre he trabajado en lo que me gustaba y he sabido aprovechar mis conocimientos y mi experiencia. El único factor que me decepcionó un poco es ver cómo hay gente que no comparte mi entusiasmo ni el orgullo por el trabajo duro y que no tiene la necesidad de alcanzar unas metas y contribuir al éxito de su empresa.

Estas personas están más interesadas en sus salarios y aumentos de sueldo. Es bastante difícil conseguir que cooperen. No digo que todo el mundo tenga que compartir mis valores y mis puntos de vista, pero la actitud «pasota» falta de profesionalidad tiene su impacto en el grupo de trabajo, en todo el departamento y en su rendimiento.

2. ¿Qué sacó de positivo de esas decepciones?

Debes emitir el siguiente mensaje: has aprendido mucho de las decepciones sufridas y de tus errores. Pero nunca tropiezas dos veces en la misma piedra. Siempre te preguntas en qué te equivocaste, cuándo, cómo y por qué.

Respuesta: He aprendido mucho de los errores, tanto de los míos propios como de los que me rodean. No lo llamaría decepción sino más bien pequeños contratiempos. Cuando fallo en algo, lo primero que hago es analizar en qué me equivoqué y cómo podía haberlo evitado. Nunca cometo dos veces el mismo error, soy capaz de anticipar los problemas.

3. Si tuviera que volver a empezar ¿qué profesión escogería?

Hay dos respuestas posibles. Si te entrevistas para un trabajo similar al que has realizado hasta ahora, tu respuesta deberá ser que escogerías la misma profesión. Si quieres cambiar de profesión, depende del tipo de profesión que quieras tener. Por ejemplo, si deseas especializarte en marketing, contesta: marketing.

Respuesta: Si tuviera que elegir de nuevo escogería lo mismo. Esta profesión me gusta y encajo bastante bien en ella. Esto es lo que mejor sé hacer, es el área en que puedo alcanzar mis metas y contribuir de forma positiva al desarrollo de la empresa.

4. ¿Le han negado alguna vez una promoción o una subida de salario?

Respuesta: Nunca he tenido que solicitar un aumento de sueldo o una promoción porque mis jefes han reconocido el valor de mi contribución y han aumentado mi salario de acuerdo con los resultados obtenidos, que siempre han sido favorables.

5. ¿Es usted sensible a la crítica?

Respuesta: Si una crítica me ofrece garantías, intento analizar el problema, sea cual sea, para rectificar mi actitud. Si pienso que la crítica es injusta o sin fundamentos y sé positivamente que lo que hago es correcto, no presto mucha atención.

6. Todos nos sentimos frustrados o enfadados en algún momento. ¿Se despidió alguna vez de su trabajo por esta razón?

Otra pregunta con truco. Si contestas que te despediste de una empresa te verás a ti mismo/a marchándote de la entrevista sin el trabajo en cuestión.

Respuesta: No, nunca. La gente que dimite o abandona cuando se enfrenta a un problema o dificultad de cualquier tipo demuestra falta de persistencia. Siempre que he tenido problemas personales o relacionados con el trabajo he resuelto el asunto favorablemente.

7. Si hubiera algo en su forma de ser que cree que debería mejorar ¿qué sería?

La contestación a esta pregunta puede significar que no resultes elegido para el trabajo. Selecciona alguna deficiencia de menor importancia, aquella que no pueda influir negativamente en tus posibilidades. Un ejemplo útil puede ser aludir al trabajo administrativo, como también algo que tenga que ver con los archivos (a menos que te presentes para un puesto de este tipo). Una vez estabas tan concentrado en alcanzar el objetivo deseado que olvidaste realizar determinado papeleo, pero después lo finalizaste correctamente. Haz siempre referencia a este tipo de fallos relativamente inofensivos.

Superar el estrés

1. ¿Bajo qué condiciones de trabajo produce usted sus mejores resultados?

Respuesta: Como persona que cuenta con un alto grado de motivación y que suele lograr sus objetivos, tiendo a producir los mejores resultados cuando reina el ambiente adecuado, es decir, un ambiente armonioso en el que los miembros del equipo trabajan juntos por un objetivo común y concentran sus esfuerzos para terminar su trabajo en el menor espacio de tiempo. Se aprovechan al máximo sus capacidades intelectuales y prácticas y se nota una ligera presión por parte de los directivos. Esto les proporciona una sensación de urgencia y les hace llegar hasta el límite de sus capacidades. Tienen todo el material necesario para realizar su trabajo y cuentan con la ayuda incondicional de su supervisor o de su director. Este es el ambiente en que la gente mejora en sus trabajos y alcanza resultados tangibles.

2. ¿Es capaz de trabajar bajo presión?

Esta es una pregunta tendenciosa. La respuesta es obvia: si trabajas bajo esas condiciones ofreces los mejores resultados. La realidad es que a nadie le gusta trabajar bajo presión, pero siguen preguntándolo.

Respuesta: Puede ser productivo porque ayuda a descubrir recursos desconocidos, como la fuerza y la energía internas, y motiva a la gente para dar de sí lo más posible. He trabajado bajo presión muy a menudo, debido a la naturaleza de mi profesión, lo que implica trabajos que hay que terminar urgentemente con recursos limitados y con poca antelación. La mayoría de las veces me he visto obligado a tomar decisiones rápidas y a actuar en consecuencia. Trabajo bastante bien bajo presión. Considero que es un factor motivador para mí.

3. ¿Ha perdido alguna vez los estribos en el trabajo?

Otra vez la misma historia: tú nunca pierdes los estribos, eres una persona paciente, comprensiva, asequible y todo el mundo te aprecia mucho.

Respuesta: He resuelto satisfactoriamente para ambas partes algún malentendido o discusión, manteniendo en todo momento una actitud abierta y positiva frente a los problemas y a los posibles conflictos. Trabajo muy bien con mis compañeros y nunca pierdo los estribos porque considero que ese comportamiento es contraproducente e inapropiado. Los problemas no se resuelven así, con esa actitud lo único que conseguimos es empeorarlos.

4. ¿Qué tipo de presiones sufre en su trabajo?

Los empresarios valoran muy positivamente la capacidad de realizar tareas urgentes y agotadoras, con un bajo presupuesto, con poca antelación, con recursos limitados, sin suficiente información y con diferentes tipos de personas. Esta es la clase de presión que les interesa.

Respuesta: Hay varios tipos de presión en mi trabajo. El más común es cuando hay que realizar un trabajo urgente en un corto espacio de tiempo ya que, de lo contrario, se resentiría la producción. Otro es cuando los objetivos y las metas deben alcanzarse rápidamente, sin salirse de un presupuesto y contando con un número reducido de personas. En la mayor parte de las ocasiones este tipo de presión hace que mi motivación aumente, y en estas circunstancias doy lo mejor de mí mismo.

5. ¿Qué hace para relajarse después de una jornada de duro trabajo?

Tu método de relajación debe consistir en hacer algo de forma activa o semiactiva. No digas sencillamente que en cuanto llegas a casa caes rendido en la cama o que te hundes en el sofá para ver un culebrón en la tele. Menciona actividades que proyecten una imagen constructiva y que reflejen una gran vitalidad, como pasear, hacer footing, nadar, practicar la jardinería, jugar con los niños, etc.

6. ¿Se definiría usted como una persona rápida o más bien necesita tomarse su tiempo?

Naturalmente, tienes que contestar que eres rápido y que consigues resultados inmediatos. En el clima competitivo de hoy en día, necesitar tiempo no es algo favorable.

Respuesta: A la hora de trabajar no tengo tiempo para pensar más de la cuenta, siempre lo doy todo e intento conseguir los máximos resultados. Claro que es necesario parar de vez en cuando para analizar mi rendimiento y planear actividades futuras. Pero después comienza de nuevo el duro trabajo. Soy una persona con una gran motivación y no trabajar duro iría en contra de mis creencias personales.

Tenacidad

🖎 *Mantener una posición y no abandonar un plan de acción hasta que se haya alcanzado el objetivo final o hasta que ya no sea posible alcanzar ese objetivo en un tiempo razonable.*

Palabras clave: persistencia, compromiso, perseverancia, capacidad de superar los obstáculos y los problemas.

1. ¿Cuáles son los problemas mayores a los que se enfrentó en la universidad?

Respuesta: En la universidad no tuve problemas. Disfruté cada minuto que pasé allí, debido especialmente a mi relación con los demás y al horario tan completo que teníamos. Algunos cursos fueron difíciles, pero yo trabajé duro y, finalmente, conseguí aprobar sin problemas.

2. Hábleme de los obstáculos que tuvo que sortear en el pasado.

Respuesta: Invertí mucho tiempo y esfuerzo para superar varios obstáculos como _____ *(estudiar y trabajar al mismo tiempo, aprender un nuevo idioma y adaptarme a una cultura distinta, tratar con gente difícil, la muerte de mi mujer/padre/un hijo)*, y así conseguí alcanzar el éxito en la vida.

3. ¿Logró alguna vez un objetivo debido a su perseverancia en el tiempo?

Respuesta: Para obtener mi título universitario tuve que estudiar mucho durante cuatro/cinco años y pasar más de 40 exámenes. Esto requirió persistencia, vitalidad y mucho trabajo. Todos esos esfuerzos dieron sus frutos porque ahora puedo echar mano de mis conocimientos y de mi experiencia para aplicarlos al trabajo. La razón principal de mi éxito es que siempre tuve muy claro cuál era mi objetivo, nunca dudé que obtendría resultados positivos. Creía en mí mismo/a.

4. En ocasiones, a pesar de poner lo mejor de nosotros, no logramos alcanzar los objetivos. Cuénteme su experiencia en este sentido.

Al contestar a esta pregunta, enfatiza el hecho de que no fuiste tú el causante del fracaso, sino unos objetivos no realistas, un equipo y unos recursos inapropiados, poco tiempo...

Respuesta: No he tenido fracasos de este tipo en mi carrera. Lo más cerca que estuve de fracasar fue en un proyecto en que surgieron un par de problemas con _____ *(los retrasos en la entrega del material necesario, huelgas/acciones sindicales, recursos humanos inapropiados, falta de fondos)*. Aunque intenté realizar la tarea aportando mis mejores cualidades y alcancé varios objetivos, el proyecto tuvo que posponerse.

Exigencias laborales

> ✎ *Puntos positivos: Alta valoración personal, insatisfacción ante un rendimiento pobre o mediocre, listón muy alto para los directivos, los subordinados y para toda la organización, y respetar los plazos y las demandas del trabajo.*

1. ¿Qué significa en su profesión hacer un buen trabajo?
La contestación se basará en lo que respondería un ingeniero o un supervisor de dirección y control de proyectos, pero la estructura sería similar para otras profesiones.
Respuesta: En la dirección de proyectos, el indicador básico de un rendimiento correcto es la finalización a tiempo y sin salirse del presupuesto, cumpliendo con los niveles y las regulaciones aplicables de acuerdo con la documentación del proyecto (especificaciones, propuestas, ámbito de trabajo, etc.).
Para mí realizar un buen trabajo significa estar orgulloso y satisfecho de los resultados obtenidos. Tiene mucho que ver con mi reputación laboral. Una tarea bien hecha es aquella que establece nuevas cotas de actuación, tanto personales como en la organización, sirve como punto de referencia o como base para trabajos similares en el futuro, produce satisfacción y ofrece un servicio impecable al destinatario, que será quien juzgue el resultado final del producto.

2. A veces no estamos satisfechos con nuestros resultados. ¿Qué hace usted si se encuentra en este caso?
Siempre que digas algo sobre ti que no sea 100 por 100 positivo, inmediatamente después debes explicar qué medidas adoptaste para rectificar el problema o para mejorar tu actuación. Esta pregunta es un ejemplo típico de esta afirmación. El entrevistador quiere que le

129

asegures que sabes reconocer un problema en potencia o una dificultad y que rápidamente haces algo para solucionarlo.

3. ¿Suele incumplir los plazos?, ¿por qué?

Respuesta: Debido a mis dotes de organización, planificación y a mi capacidad para la dirección de proyectos, rara vez incumplo. Mi experiencia juega un papel importante a la hora de saber anticipar los problemas y prevenir todo lo que pueda salir mal. El arma más efectiva en la batalla contra el tiempo y los costes es una buena planificación y un control efectivo de la mano de obra.

Sin embargo, pueden producirse acontecimientos inesperados. En ese caso conviene revisar la planificación inicial y actuar de forma urgente. En muy pocas ocasiones no cumplí los plazos y fue principalmente debido a acciones sindicales o imprevistos en la recepción de la maquinaria.

4. Hable de cuando sintió satisfacción por su trabajo. ¿Por qué razón se sentía así?

Respuesta: En algunas ocasiones he conseguido terminar mi trabajo en menos tiempo del planeado y sin agotar todo el presupuesto. En estos casos estaba muy contento por mi actuación y el método de trabajo, que contribuyó de forma significativa al éxito en la terminación de las tareas.

5. Ponga un ejemplo de cuando un supervisor le habló del trabajo que usted había realizado.

La pregunta no especifica si la conversación tuvo lugar debido a un bajo rendimiento, así que aprovecha la oportunidad para realzar tus puntos positivos.

6. ¿Cómo juzga la actuación de los trabajadores? ¿Cuál es la diferencia entre un buen empleado y un mal empleado?

Esta pregunta teórica requiere una respuesta clásica. Consulta el capítulo en el que se habla de «el empleado ideal» y haz tuyo el punto de vista del empresario. Hasta los peores empleados saben qué significa ser un «buen empleado».

Respuesta: Para juzgar la actuación de otros es necesario fijar unos criterios. Una vez comunicados esos criterios a los empleados, éstos sabrán qué se les exigirá en su trabajo. Algunos criterios tienen que ver con la asistencia (puntualidad, horas trabajadas o número de bajas por enfermedad), con el éxito en la terminación de los proyectos y de las tareas encomendadas (a tiempo y sin salirse del presupuesto), con la lealtad a la empresa, la capacidad de trabajar bien junto con otras personas y una mejora constante de las aptitudes y del rendimiento. Un buen empleado asume responsabilidades y está siempre dispuesto a trabajar. Siempre da lo mejor de sus capacidades y se puede confiar en él durante los tiempos difíciles.

7. ¿Ha despedido alguna vez a algún empleado por no rendir adecuadamente? ¿Bajo qué circunstancias?

Respuesta: Recientemente he despedido a una empleada debido a su bajo rendimiento y porque, a pesar de intentar trabajar lo mejor que podía, no era capaz de ponerse al nivel de los otros trabajadores. No era apta para ese puesto y esto incidió negativamente en el rendimiento de todo el equipo. Posteriormente fue contratada por otro departamento y creo que allí está realizando un buen trabajo, lo que prueba mi opinión sobre su capacidad y mi sugerencia de que en un puesto que encajara mejor con sus cualidades sería una empleada valiosa.

O bien:

Nunca he estado en posición de contratar o despedir a la gente, pero alguno de mis compañeros ha sido despedido debido a una actitud pobre y a un bajo rendimiento que afectaban a todo el departamento.

8. ¿Está satisfecho con su departamento o con los resultados obtenidos por la empresa en los últimos dos años?

Siempre que te refieras a tu anterior empresa o a la actual no digas «ellos», di «nosotros». De esta forma proyectarás una imagen de lealtad hacia tu empresa, independientemente del hecho de que piensas marcharte de allí. Deberás asegurar al entrevistador que, una vez incorporado a su equipo, les serás leal. Quien dice «ellos» da a entender que psicológicamente no está trabajando allí.

Respuesta: A pesar del duro clima económico y la crisis, la compañía mantuvo su posición en el mercado e incluso mejoró sus resultados. La introducción de nuevas líneas de trabajo y la expansión hacia otras áreas han originado un incremento de la eficacia y de los resultados. De todas formas, los fondos siguen siendo limitados y algunos puestos desaparecerán el año que viene. Sin embargo, nuestros resultados del pasado año pueden ser calificados como adecuados.

RELACIONES SOCIALES

Adaptabilidad

> *Cuando una persona se va haciendo mayor está en su naturaleza el protestar por los cambios, sobre todo si son a mejor.*
>
> JOHN STEINBECK

- ✎ Mantener la eficacia y la productividad en distintos ambientes y bajo la influencia de varios factores tanto positivos como negativos.
- ✎ Aceptar nuevas ideas, nuevas fórmulas y procedimientos laborales y una nueva normativa.
- ✎ Adaptarse a distintos tipos de personas, su forma de comunicarse, sus prácticas laborales y su estilo directivo.

1. Observo en su currículum que ha cambiado varias veces de trabajo en estos últimos años y que algunas empresas estaban situadas en zonas rurales. ¿A qué problemas tuvo que enfrentarse cuando se mudaba de casa?

Respuesta: Siempre me ha gustado conocer gente nueva y viajar. Hasta ahora he sabido aprovechar las oportunidades que se me ofrecían y gracias a ello he adquirido una valiosa experiencia en mi trabajo para distintas empresas en varias provincias españolas. Aunque cada mudanza fue distinta, ninguna de ellas resultó fácil, pero las recompensas y los logros siempre justificaban esos pequeños inconvenientes. Mi familia está de acuerdo con este punto de vista, por eso nunca he tenido problemas para cambiarme de casa, hacer nuevas amistades y adaptarnos a las costumbres locales.

2. Normalmente hay bastante diferencia entre trabajar para una empresa privada o para una empresa estatal. ¿Cuáles son esas diferencias? ¿Ha tenido problemas de adaptación de una a otra?

Dependiendo del tipo de empresa para la que te estás entrevistando hay dos respuestas posibles. No elogies a las empresas privadas si te estás entrevistando para un trabajo en una empresa estatal y viceversa. Sea cual sea el caso, di que no existen grandes diferencias y que no has tenido problemas de adaptación a distintos ambientes de trabajo.

3. Ponga un ejemplo de una situación en la que haya tenido que adaptarse rápidamente a cambios de prioridades o de la estructura organizacional. ¿Cómo encajó el impacto del cambio?, ¿le costó aceptarlo?

Aquí el mejor ejemplo consistiría en describir una situación en la que tu jefe tuvo que marcharse una temporada y tú asumiste sus funciones. Menciona que tuviste que adquirir rápidamente nuevos conocimientos para responder a las demandas laborales, establecer el orden de prioridades, supervisar a tus compañeros de trabajo y, además, seguir haciendo tu trabajo cotidiano.

4. ¿Cómo se las arregla para acudir a entrevistas mientras está trabajando?

Lo peor que podrías contestar aquí es que dices al jefe que estás enfermo. Esto dañaría tu imagen de persona íntegra y te haría perder muchos puntos.

Respuesta: Tomo unos días de las vacaciones que me corresponden para organizar las entrevistas y asistir a ellas. Debido a mi volumen de trabajo, tengo que hacer varias horas extras y acudir a la empresa algún fin de semana, pero estoy acostumbrado a trabajar muchas horas seguidas. Aparte de las vacaciones de verano, intento faltar de mi puesto lo menos posible.

5. ¿Qué piensa de trabajar en una empresa de grandes dimensiones como la nuestra?

> *En realidad, las grandes organizaciones no gustan a nadie. Nadie quiere recibir órdenes de un superior que a su vez recibe órdenes de un superior que a su vez recibe órdenes de...*

> E. F. SCHUMACHER, *Small is Beautiful*

Cuidado con las jerarquías, con la burocracia y las limitaciones de las grandes empresas. Refleja aspectos positivos en tu respuesta y no menciones los negativos.

Respuesta: Agradecería enormemente la oportunidad de trabajar en una empresa grande y prestigiosa como la suya. En las pequeñas nunca se encontrará la fuerza, la posición en el mercado y los recursos de una organización bien establecida. Esta sólida base proporciona los fundamentos para alcanzar los logros y el potencial para el progreso y la diversificación.

6. **¿Qué piensa de trabajar en una pequeña empresa como ésta?**

Las grandes empresas son pequeñas empresas que tuvieron éxito.

ROBERT TOWNSEND, *Up the Organisation*

Respuesta: Las empresas más innovadoras, más enérgicas y más competitivas no son precisamente las de grandes dimensiones. Siempre he valorado muy positivamente la participación de los empleados en el proceso de toma de decisiones y el sentimiento de familiaridad de una pequeña empresa. El espíritu de equipo, los retos del día a día y la implicación generalizada a la hora de la resolución de los problemas proporcionan un sentimiento de logro y una respuesta rápida a los cambios y a las nuevas oportunidades.

Asertividad

- ✎ *Tener y mostrar confianza en sí mismo, creer y confiar en la propia valía.*
- ✎ *Mostrarse firme y directo en una conversación.*
- ✎ *La capacidad de velar por las propias creencias y por los propios derechos.*

La mayor parte de los entrevistadores no hacen preguntas sobre este aspecto. La entrevista globalmente es la que les da una idea bastante buena de tu asertividad. De todas formas, pueden hacerte las siguientes preguntas:

1. **¿Si no está de acuerdo con su jefe, le da a conocer su forma de pensar?**
Al final, casi todo el mundo expresa su opinión, aunque ésta no coincida con la del jefe. Si no quieres que te echen la culpa de algo que piensas que va a salir mal, mejor es que lo digas. De esta forma, la responsabilidad no caerá sobre ti. Utiliza este argumento, pero no menciones el rehusar responsabilidades. El entrevistador está intentando probar tu asertividad y tu independencia. Dile que normalmente discutes con tu jefe todos los aspectos laborales y que siempre llegáis a una solución aceptable para ambas partes.

Respuesta: Siempre dialogo con mis superiores sobre los aspectos y problemas que surjan. Si mi punto de vista difiere del suyo, intento ver el problema poniéndome en su lugar y después refiero mi opinión. De esta manera, casi siempre encontramos la solución correcta.

2. Si tuviera que definirse con una sola frase, ¿qué diría?

A algunos entrevistadores les gusta plantear este tipo de preguntas tan truculentas. Tienes dos opciones, intentar resumir tus puntos fuertes o contestar sin responder verdaderamente a la pregunta.

Respuesta: Mis características principales son la habilidad para comunicarme de forma efectiva con la gente y para trabajar individualmente o en equipo, definir unos objetivos y alcanzarlos, y finalizar todos los trabajos. *(Una buena respuesta.)*

O bien:

Yo no contrataría a nadie que fuera capaz de definirse en una sola frase. *(Mucho mejor.)*

3. Ponga un ejemplo de algunas de las discusiones «cara a cara» a las que se tuvo que enfrentar o reuniones que celebró junto con sus colegas o con sus subordinados.

Un buen ejemplo sería describir cuando tuviste que despedir a alguien. Si has tenido esa experiencia, ésta es una buena oportunidad para presentarte como una persona considerada, con tacto y comprensiva, pero también activa y que sabe tomar decisiones.

Respuesta: Algunas discusiones que tenían que ver con el análisis del rendimiento, y especialmente discusiones previas al despido de alguien, fueron las más difíciles para mí. Hay que saber actuar de forma apropiada en esas ocasiones. Siempre intento ponerme en el lugar de la otra persona, pero también quiero que ellos comprendan mi punto de vista, intento mostrarme firme y resistir cualquier ataque o forma de intimidación que se utilice contra mí.

Flexibilidad en el comportamiento

✎ *La capacidad de cambiar y modificar puntos de vista, métodos utilizados y comportamiento, para encajar en una situación particular o realizar determinada tarea.*

✎ *La capacidad para aceptar los cambios.*

1. Describa una situación en la que, después de que una idea suya o una propuesta fuera rechazada, intentó hacer una aproxima-

ción distinta del problema para conseguir su objetivo. ¿Cuál era la diferencia entre las dos formas de plantear la misma cuestión?

Respuesta: Durante mi trabajo en _____ *(nombre de la empresa)* rechazaron una de mis propuestas sobre la adquisición de maquinaria nueva para _____ por carecer de fondos suficientes. Pero yo no me rendí. Mi siguiente estrategia fue simple, aunque demostró ser efectiva. Expuse claramente el problema, listé los gastos anuales y calculé el ahorro que supondría adquirir un nuevo equipo. Reiteré mi petición mediante gráficos, cifras y tablas, y a los directivos les gustó mi propuesta y la idea global.

2.   ¿Tiene experiencia en la supervisión de titulados superiores?, ¿utiliza con estas personas una fórmula distinta de aproximación?

Respuesta: Durante mi trabajo en _____ *(nombrar la empresa)* tuve que supervisar y coordinar al personal técnico, la mayor parte del cual estaba compuesto por ingenieros y científicos de alta cualificación. Fue una buena oportunidad para aprender de estos profesionales. Una experiencia muy gratificante.

Me gusta trabajar con personas muy preparadas. Lo más importante en la relación con ellas es el respeto mutuo, la comprensión de las necesidades recíprocas y la filosofía laboral. Tienen demandas específicas y necesitan una motivación y un reconocimiento de su trabajo del que están bastante orgullosos. Estos aspectos requieren métodos de supervisión ligeramente distintos.

3.   ¿Qué piensa de nuestras normas en cuanto a la forma de vestir?

Algunas compañías tienen reglas muy estrictas sobre cómo vestirse. Suelen consistir en camisa, corbata y chaqueta para hombres (nunca vaqueros o pantalones de sport) y vestido o falda para mujeres (nunca pantalones). Contesta que llevarás lo que exijan las normas del centro.

Respuesta: Las normas de su empresa sobre la ropa me vienen muy bien. Prefiero vestir formalmente y me siento a gusto llevando traje, es importante si queremos proyectar una imagen positiva a los clientes y al público en general.

4.   ¿Cómo se sentiría trabajando bajo la supervisión de una mujer?

Respuesta: He trabajado bastante bien bajo la dirección y la supervisión de mujeres. No establezco diferencias basadas en el sexo, lo único que me importa es la personalidad, la eficacia y la profesionalidad.

5. ¿Ha trabajado alguna vez con un jefe más joven o más inexperto que usted?
Respuesta: Nunca. Todos mis jefes han sido profesionales muy expertos de los que he tenido oportunidad de aprender muchas cosas. En cierto modo han sido mis modelos de actuación.
O bien:
Sí. Era un buen director que motivaba a la gente. Con él (o ella) tuve unas relaciones muy productivas y nos llevamos bastante bien. No creo que la edad sea un factor importante, lo que importa es la credibilidad personal, la profesionalidad y la competencia.

6. ¿Qué importancia le da a las relaciones con los clientes, los compañeros de trabajo y los jefes?
Respuesta: Para mí las relaciones humanas son el factor más importante de cualquier trabajo. La capacidad de trabajar juntos en equipo, la honestidad absoluta con los clientes y con los superiores, y el sentimiento mutuo de confianza y de comprensión, son esenciales para crear un ambiente de trabajo eficaz.
Cuando la gente trabaja bien junta se crea una nueva dimensión que hace que un buen equipo de trabajo siempre resulte mucho mejor que la suma de los valores de cada uno de sus miembros.

7. ¿Qué tipo de gente le desagrada?
Respuesta: Los que no están dispuestos a dar lo mejor de sí mismos en el trabajo ni a contribuir como miembros de un equipo. La gente que no es profesional, que carece de ética, que no es honesta, los cotillas y los que te dan la puñalada por la espalda son igualmente destructivos y molestos. No soy capaz de confiar en ellos. Normalmente esta gente está únicamente interesada en la paga del mes.

Independencia

- *Ponerse en marcha por sí mismo.*
- *Resistir la influencia de los demás.*
- *Dar a conocer los propios puntos de vista.*
- *Tener iniciativa, saber reconocer los problemas y hacer algo para rectificarlos.*

✎ La capacidad para trabajar solo, con la mínima supervisión o sin supervisión directa.

1. ¿Qué tipo de decisiones tiene que tomar en su trabajo actual? Ponga un ejemplo.

Respuesta: En mi trabajo como _____ soy el responsable de todo lo que tiene que ver con _____. Desde que trabajo solo la mayor parte del tiempo, o como parte de un equipo pequeño, tengo que tomar varias decisiones de forma regular e independiente. Por ejemplo, decido _____.

2. ¿Se hizo cargo usted alguna vez de un asunto que debían solucionar sus superiores?

Esta es una buena oportunidad para demostrar tu habilidad en la solución de los problemas más complejos de forma satisfactoria y terminar el trabajo. Además, puedes hablar de tu iniciativa, tu tendencia a asumir mayores responsabilidades y riesgos calculados.

3. ¿Le gusta trabajar solo o prefiere formar parte de un equipo?

Tu respuesta a esta pregunta vendrá determinada por el tipo de trabajo al que te presentas. Sin embargo, independientemente del puesto, no olvides apuntar que sabes trabajar igual en ambas circunstancias.

Respuesta: Debido a la naturaleza de mi ocupación y del tipo de tareas que he tenido que realizar, he trabajado solo durante años. Mi amplio conocimiento sobre la materia y mi manera de trabajar de forma sistemática y organizada me convierten en una persona autosuficiente y eficaz a la hora de responder a las demandas de esta profesión. También he formado parte de un departamento en que tuve la oportunidad de aprender de los demás y de mejorar mis aptitudes de trabajo en equipo.

O bien:

Aunque he trabajado solo, prefiero el espíritu de equipo y las interacciones entre los miembros del mismo mientras se trabaja para alcanzar una meta común. La gente aprende de los demás y suele alcanzar los resultados deseados más rápidamente, de forma eficaz y con una mayor satisfacción. La aplicación de la labor en equipo para resolver un problema crea una fuerza de trabajo homogénea y un ambiente más productivo.

4. **¿Ha trabajado alguna vez en solitario, sin ninguna supervisión?**

La mayor parte de la gente ha trabajado sin supervisión directa o sin supervisión de ningún tipo. Explota el hecho de que terminaste tus tareas de forma satisfactoria y que no necesitaste ninguna ayuda ni asistencia de ningún tipo. Menciona tu método sistemático para resolver los problemas, cómo utilizas la experiencia adquirida en situaciones similares y la capacidad de identificar los problemas y solucionarlos.

Respuesta: He trabajado sin supervisión durante largos períodos de tiempo. Soy capaz de identificar los problemas, diseñar un plan de acción y asumir completamente las responsabilidades derivadas de mi actividad para completar con éxito los trabajos requeridos.

5. **¿Se considera una persona con iniciativa?**

Respuesta: Sí, con mucha iniciativa. Siempre tomo mis propias decisiones, no dejo que nadie lo haga por mí. Mi educación y experiencia me capacitan para saber reconocer los problemas y las áreas críticas para la realización de proyectos con éxito. En este proceso es importante estar al tanto de las tendencias y la búsqueda de claves.

6. **¿Realiza algo en su trabajo que no se contemple dentro de la descripción de tareas?, ¿por qué lo hace?**

Respuesta: Para alcanzar las metas y producir resultados, a veces decido realizar tareas que no son, de forma estricta, parte de mi trabajo. Las modernas prácticas laborales y el clima competitivo exigen una mayor flexibilidad y un mayor número de aptitudes. Haciendo más de lo que se requiere no sólo aprendo más, sino que soy más eficaz y productivo. Si soy capaz de hacer ese trabajo, simplemente lo hago, sin esperar a que alguien lo haga por mí.

7. **¿Ha sentido alguna vez que las restricciones de la empresa le impedían alcanzar sus objetivos?, ¿ha tenido que luchar contra las tradiciones de la empresa para poder alcanzarlos?**

Al igual que ocurre con la pregunta número 2 de la página anterior, la respuesta aquí es un círculo vicioso. Si te muestras como alguien independiente y con iniciativa, vas en contra de las reglas; pero si aceptas las reglas siempre no te considerarán una persona tan innovadora. Entre dos opciones negativas, escoge la menos mala.

Respuesta: Todos sentimos que las normas de una empresa nos limitan de vez en cuando. Éstas, sin embargo, son necesarias para lograr una actuación uniforme y consistente, y para asegurar que se cumplen los objetivos.

Aptitudes para la negociación

1. **¿Tiene experiencia en negociación a alta escala con los proveedores? ¿Cuál fue el resultado de tales negociaciones?**

Respuesta: Mi experiencia en negociación me ayudó a conseguir unos resultados bastante satisfactorios en cuanto a ahorro de dinero y en la adquisición del equipamiento necesario para sacar adelante determinados proyectos. Siempre he establecido unas relaciones profesionales muy buenas con los vendedores y con los proveedores, consiguiendo que trabajen para nosotros por unos precios muy económicos. Gracias a mi gestión hemos ahorrado del 10 al 20 por 100 sobre el precio de catálogo, alcanzando en ocasiones hasta el 40 por 100 de descuento. Con tal de colaborar con grandes empresas, algunos vendedores y minoristas están dispuestos a fijar unos precios muy asequibles.

2. **Descríbame su experiencia de negociación con representantes sindicales.**

Respuesta: En una ocasión participé en el conflicto de _____ *(menciona tu experiencia).* Se trataba de un tema en el que los representantes sindicales no estaban dispuestos a aceptar cambios, pero después de unas largas y duras negociaciones logré que aceptaran mi propuesta, implantándose dichos cambios con éxito.

3. **Cuando solicitó su puesto de trabajo anterior ¿negoció el salario o simplemente aceptó las condiciones que le ofrecía la empresa?**

Esta pregunta no solamente evalúa tus aptitudes para la negociación, sino que también toca un tema delicado como es el del salario. Todo lo que aquí digas influirá posteriormente, a la hora de discutir sobre dinero. Así que contesta a la pregunta con extrema precaución.

Respuesta: Mi educación, conocimientos y experiencia profesional me sirven de gran ayuda en la negociación de los términos del contrato para obtener mejores condiciones. Esto lo consigo convenciendo a los representantes de la empresa de que las medidas de ahorro nunca atraerán a los candidatos más valiosos y que toda cantidad que haya que pagar de más redunda en una mejor inversión. Esta inversión consiste en contratar a la persona más apropiada para el puesto.

4. ¿Ha tenido que negociar alguna vez los términos del contrato con un cliente para cerrar una venta?, ¿en qué puntos tuvo que ceder?, ¿cuál fue el resultado de tales negociaciones?

Respuesta: En el mercado actual, a veces es necesario negociar los precios o los términos de un contrato para cerrar una venta. Yo he tenido varias experiencias en este sentido.

Suelo hacer algunas concesiones de poca importancia, pero siempre intento cambiar otros aspectos del contrato. Esta táctica consigue unas ventajas que el cliente no percibe como tales. La negociación dura no siempre es el mejor método para alcanzar los resultados deseados. A veces, mantener los precios, pero mejorando los servicios que incluyen, es una táctica que funciona mucho mejor.

Habilidad para las ventas/capacidad de persuasión

> *Dos vendedores de zapatos se encuentran en la zona más alejada y salvaje de África. El primer vendedor manda un telegrama a su empresa que dice: «No hay posibilidad de ventas. Aquí nadie lleva zapatos». Pero el otro vendedor envía el siguiente mensaje: «Aquí nadie lleva zapatos. Podemos dominar el mercado. Mándame todo el stock posible».*
>
> WILLIAM DAVIS, *The Innovators*

1. ¿Cuál es la mejor idea/sugerencia/proposición que hizo usted a su superior?, ¿cuáles fueron los resultados de su aplicación?

Cuando contestes a esta pregunta haz siempre referencia a una propuesta tuya que fuera aceptada y no olvides señalar los resultados obtenidos por tu empresa como resultado de tu contribución.

2. Explique brevemente su actitud y su disposición frente a las ventas, tanto de productos como de ideas. Indique qué métodos utiliza y por qué.

Respuesta: Mi actitud general frente a las ventas se basa en el hecho de que cuando queremos que la gente coopere, persuadirla para que compre algo o salir ganando en una discusión, tenemos que ponernos siempre en su lugar.

Por ejemplo, en vez de instigar al cliente para que compre un equipamiento o un producto que pienso que puede necesitar, lo que hago es pedirle que me hable de sus necesidades. De esa forma, el cliente tiene la sensación de que sus ideas son válidas, de que participa en la creación de un proyecto determinado y toma sus propias decisiones. Una vez que consigo crear esta sensación en los clientes, ya no tengo que vender nada, son ellos los que compran.

3. ¿Alguna idea suya ha sido secundada por sus superiores? Relate su experiencia en este sentido.

Para contestar a esta pregunta es conveniente poner un ejemplo concreto tomado de la experiencia pasada. Relata una circunstancia en la que tu acción supuso el ahorro de una cantidad considerable o produjo beneficios a la empresa. Aquella vez que mejoraste la seguridad en la práctica laboral o introdujiste algún cambio significativo.

Respuesta: Basándome en mi experiencia sobre logística, gestión de almacenes y control de stock, desarrollé un programa para mejorar el almacenamiento de stocks. El programa era relativamente fácil de aplicar y supuso un considerable ahorro. La dirección acogió mi idea bastante bien y supo reconocer mi esfuerzo promocionándome al puesto de supervisor de almacenes.

4. ¿Cuál fue la experiencia más negativa a la hora de presentar sus ideas a los superiores?

Respuesta: Normalmente, mi opinión y mi punto de vista están muy bien considerados por la dirección debido a mi conocimiento del trabajo y mi larga experiencia. Sin embargo, en un par de ocasiones se tomó una decisión determinada a pesar de mis objeciones a ese respecto. Una vez se adquirió una maquinaria de construcción para la realización de unas obras de grandes dimensiones. Finalmente, dichas obras se tuvieron que posponer por un período de tiempo considerable, lo que originó, tal y como yo predije, que la maquinaria quedara obsoleta, produciendo pérdidas económicas considerables.

5. Si pidiéramos a sus subordinados que expresaran la opinión que tienen de usted, ¿qué dirían y por qué?

Respuesta: Es difícil predecir la opinión de mis subordinados. Si tenemos en cuenta la relación profesional y de amistad que me une con ellos, creo que me describirían como un jefe justo pero firme, un buen comunicador y una persona íntegra y con principios.

APTITUDES PARA LA COMUNICACIÓN

1. ¿Qué hace para asegurarse de que sus subordinados o compañeros atienden a lo que usted dice?

Respuesta: Cuando tomo una decisión o hago algo que afecte directamente a mis subordinados o a mis compañeros, siempre me aseguro de que ellos han captado el mensaje. Es importante saber adaptarse a los diferentes tipos de personalidad y tener una comunicación fluida para evitar conflictos, malentendidos o resentimientos. Las puertas de mi despacho están siempre abiertas a la gente con ideas constructivas, problemas relacionados con el trabajo o que venga a consultar cualquier tipo de duda.

2. ¿Alguna vez ha interpretado mal una instrucción, un mensaje o una información?, ¿qué consecuencias tuvo?

Respuesta: Siempre presto toda mi atención a la persona que me está hablando, es la única forma de eliminar cualquier malentendido y establecer una comunicación efectiva. Hay personas que no saben escuchar porque, cuando no están hablando, están pensando en lo que van a decir a continuación. De esta forma, es muy difícil intercambiar ideas y mensajes.

3. ¿Ha hablado en público o ha hecho una presentación alguna vez?

Respuesta: Por la naturaleza de mi profesión, las presentaciones, los congresos y las conferencias juegan un papel importante en mis actividades día a día. Debido a _____ *(una reestructuración, a la política de formación que hay en la empresa, etc.)* organizo algunos cursos dirigidos a _____ *(vendedores, personal administrativo, alumnos en prácticas, etc.).*

Hasta la fecha he participado con éxito en varios seminarios, presentaciones y conferencias. También he participado en charlas sobre muy variados temas.

4. ¿Cuáles han sido las presentaciones más importantes que ha realizado?

Respuesta: El año pasado participé en _____ *(la Tercera Conferencia Mundial sobre Biología Molecular, un Simposium sobre Energía Eléctrica, etc.).* El trabajo de investigación que expuse fue publicado. Los participantes y los invitados eran prestigiosos _____ *(científicos, ingenieros, directivos)* especialistas en la materia. A juzgar por el número de preguntas que tuve que responder tras mi intervención, la conferencia tuvo muy buena acogida.

5. ¿Tiene experiencia en la redacción de procedimientos, normativas, especificaciones, ofertas o documentos similares para un cliente o para su propia empresa?

Respuesta: La redacción de este tipo de documentación es una parte fundamental de mi trabajo como _____ *(ingeniero de proyectos, jefe de operaciones, ingeniero de la construcción)*. Este tipo de documentación técnica es la que asegura que la maquinaria y los servicios que produce mi compañía alcancen el nivel de calidad exigido por el cliente, de la misma manera que cualquier contrato, servicio o maquinaria que nos proporcionen nuestros proveedores debe satisfacer nuestras exigencias.

6. ¿Qué tipo de informes ha presentado por escrito?

Respuesta: En mi puesto de trabajo actual tengo que redactar informes y propuestas sobre _____ *(proporcionar información detallada)*. Cada tipo de documento requiere un tratamiento diferente. Hay que utilizar distintas técnicas de escritura en cada caso para hacer llegar el mensaje de la forma más efectiva.

7. ¿Cuáles fueron los documentos más complicados que tuvo que redactar?

Respuesta: He escrito varios documentos muy importantes, pero el más crítico fue _____ *(el doctorado, la tesis, el proyecto del máster)*. Finalmente, el trabajo duro y el tiempo invertido tuvieron su recompensa, ya que recibí varios comentarios muy elogiosos y obtuve la mejor calificación.

8. ¿Alguna vez tuvo que redactar algún manual técnico o de formación dirigido a _____ (vendedores, operadores de planta, personal de mantenimiento, etc.)?

Respuesta: Hasta la fecha no he tenido oportunidad de hacerlo, pero parte de mis obligaciones es _____ *(revisar y poner al día regularmente procedimientos operativos, redactar unas breves instrucciones para los operadores de la línea de montaje, implantar planes y distintos tipos de estrategias de comunicación)*. Me siento seguro de mis aptitudes para la redacción técnica. No me costará mucho realizar documentos de alta calidad, si el trabajo lo exige.

O bien:

Cuando trabajaba en _____ redacté un manual muy completo destinado a la formación de _____ *(vendedores, operadores de grúa, enfermeras, fabricantes de calderas, etc.).* También hice algunos capítulos del manual de procedimientos internos de la empresa.

9. ¿ Cuáles son los documentos/informes/propuestas más importantes que ha redactado en su vida laboral?

Respuesta: La mayoría de las propuestas que he presentado hasta la fecha han resultado un éxito, incluso en tiempos de crisis y aunque se refieran a los sectores de mercado más difíciles de abordar. Sin embargo, el éxito más rotundo lo obtuve cuando conseguí una subvención estatal de 50 millones de pesetas para poner en marcha un proyecto sobre _____, que contribuyó en gran medida a aumentar los beneficios de mi empresa durante el año pasado. Dediqué gran parte de mi tiempo y mi experiencia al éxito de ese proyecto. La empresa supo reconocer mi esfuerzo y esto me proporcionó una sensación de logro en mi trabajo.

10. ¿Cuando redacta informes, lo hace de acuerdo con ciertas normas?, ¿cuáles son?, ¿cómo las aplica?, ¿por qué son importantes?

Éste es un ejemplo típico de varias preguntas que hay que responder a la vez. No olvides ninguna de ellas y, si lo haces, pide al entrevistador que te las repita. No es necesario contestar a cada una como si se tratara de preguntas separadas, pero contesta a todas.

Respuesta: Hay varias reglas básicas que es necesario cumplir a la hora de redactar un documento. Lo primero de todo es definir a qué tipo de lectores nos dirigimos. Este hecho influirá en el estilo del documento. En segundo lugar, hay que establecer los objetivos, ¿qué mensaje queremos comunicar? La siguiente cuestión a considerar es qué aspectos / puntos / detalles habrá que destacar para lograr una comunicación efectiva, clara y comprensible. Finalmente, llegamos al contenido del documento escrito, que siempre constará de tres partes: introducción, nudo y conclusión. Ésta es la forma más eficaz de hacer llegar el mensaje a los lectores.

CUALIDADES PARA LA DIRECCIÓN

En este apartado prepárate para contestar a preguntas teóricas. Aunque la mayoría de los entrevistadores hacen preguntas concretas porque buscan unas respuestas específicas dirigidas a un problema determinado, puedes encontrarte con entrevistadores que prefieran plantear cuestiones generales. Las respuestas de los candidatos revelan gran cantidad de información, no sólo por lo que dicen o por lo que quieren decir, sino también por lo que no dicen o lo que no quieren decir. Por eso es muy importante que dediques algunas horas a pensar sobre un tema general como puede ser el de la dirección de empresas, el papel de cada individuo en las organizaciones, la motivación, métodos de comunicación efectivos y temas parecidos. Te ayudará a expresar tus puntos de vista y a comprender mejor los de tu entrevistador. Algunas de las preguntas típicas de naturaleza general son:

1. ¿Cómo describiría su filosofía de la dirección?

2. ¿En qué cree que consiste una buena dirección de empresas?

3. ¿Cuál es su forma de pensar acerca de los recursos humanos?, ¿cómo definiría el papel de los trabajadores en una organización?

Control

Preparados, listos, ¡ya!

Así es como ven los japoneses las técnicas occidentales de dirección de empresas.

1. Describa una situación particularmente difícil relacionada con la gestión de empresas a la que se tuvo que enfrentar en alguna ocasión. ¿Cómo afrontó el problema y cuáles fueron los resultados?
No olvides que aquí se están valorando tus métodos y tu capacidad de control. En tu respuesta debes dar a entender que controlabas los acontecimientos y también a la gente, no al contrario.

2. ¿Qué métodos utiliza para organizar el trabajo de las personas que están a su cargo?
Respuesta: Nuestro departamento planifica su trabajo una vez al año y, posteriormente, cada mes. La mayor parte de las actividades se programan una vez al año y después se ponen al día y se revisan de forma regular. Otro aspecto importante del proceso de planificación es la experiencia previa, el conocimiento del departamento y de

todos los factores que puedan influir en el buen funcionamiento de la empresa.

(Ahora añade algunos métodos concretos que sueles aplicar o que pienses hacerlo en el futuro.)

En las dos preguntas siguientes no se indica la respuesta. Se han escrito muchos libros sobre temas como la Dirección Por Objetivos (DPO) y el Control Total de Calidad (CTC). Cada vez más directivos aplican estos métodos. En consecuencia, hay más probabilidades de que te pregunten sobre ellos en una entrevista. Aunque hay disparidad de opiniones sobre su utilidad, prevalecen las positivas.

Si tienes experiencia en los métodos mencionados, habla de los beneficios que obtuviste con su aplicación, y si no la tienes, di que conoces esos procedimientos y que estás pensando en aplicarlos. Después expresa tu opinión sobre la efectividad de los métodos más avanzados de dirección de empresas.

3. **¿Utiliza la Dirección por Objetivos (DPO)?, ¿cómo evaluaría su eficacia?**

4. **¿Le son familiares los conceptos relacionados con el Control Total de Calidad (CTC)?, ¿ha utilizado o aplicado en su departamento el CTC en alguna ocasión?**

Delegar

No olvides resaltar el hecho de que cuando delegas algunas tareas, sigue siendo tu responsabilidad que el trabajo esté bien hecho. A los empleados no les agrada la gente que delega sus responsabilidades en manos ajenas, dejando que otros rindan cuentas a los superiores.

1. **¿Ha delegado alguna vez tareas de su responsabilidad?**
Respuesta: Intento hacerlo muy a menudo. Si queremos que la gente desarrolle sus aptitudes y habilidades, tendremos que darles responsabilidad. Mi método consiste en explicar los objetivos que hay que cumplir en una tarea determinada y los criterios que se usarán para evaluar sus resultados. Finalmente les invito a realizarla. Además, estoy siempre a su disposición por si necesitan ayuda y voy dirigiendo sus progresos.

2. **¿Qué tipo de tareas delega usted en sus subordinados?**
Respuesta: Cuando delego una tarea o asigno una responsabilidad a una persona es que conozco bastante bien su capacidad, sus puntos

fuertes y sus puntos débiles. Y para motivarla un poco más, intento asignarle tareas que se encuentren ligeramente por encima de sus posibilidades. De esta forma, los empleados están en constante proceso de formación, lo que redunda en una mejora de su trabajo. A veces tardan un poco más en terminar, pero las ventajas que conlleva este sistema son mucho mayores que los inconvenientes.

3.   ¿Qué pasos lleva a cabo para delegar un trabajo?

Respuesta: Primero les digo que se espera que obtengan unos resultados satisfactorios, después les muestro los objetivos que deben alcanzar y, por último, dirijo en todo momento su proceso y les presto la ayuda que necesiten. Para mí, es prioritario asegurarme de que los empleados saben cómo desempeñar una tarea y cómo alcanzar el objetivo señalado.

4.   ¿Ha cometido alguna vez un error al delegar una tarea? Diga cuál fue el resultado y las causas del error.

Respuesta: No puedo decir que haya cometido errores al delegar funciones, pero sí que he tenido retrasos momentáneos cuando la tarea a realizar estaba muy lejos de las capacidades de mis empleados. Los resultados iniciales no fueron tan buenos como podrían haber sido, pero, a largo plazo, obtuvimos claros beneficios, ya que mis subordinados habían adquirido nuevos conocimientos y habían aprendido a dominar las tareas asignadas.

Inicialmente no delegaba demasiado, debido, sobre todo, al hecho de que no conocía bien a mi gente. Una vez que supe cuáles eras sus capacidades adquirí confianza en ellos, y cuando delegaba una tarea nunca me equivocaba. En eso consiste delegar, en tener confianza en los demás.

5.   ¿De qué manera se mantiene informado sobre los avances realizados por sus subordinados?

Respuesta: Utilizo un sistema computerizado muy simple aunque efectivo. Cada empleado tiene su propia base de datos conteniendo todas las actividades planificadas, el tiempo estimado e información sobre los progresos y los resultados alcanzados. De esta forma, sé lo que cada persona está haciendo en cada momento.

6.   ¿Piensa en ocasiones que si hubiera hecho usted el trabajo hubiera salido mejor?

Respuesta: Quien piense de esa manera no confía en sus compañeros o subordinados y probablemente no sabe cómo delegar de forma apropiada. Si conozco a mi gente, sus aptitudes, sus habilidades y personalidades, soy capaz de delegar tareas con éxito y, además, les ayudo a mejorar sus conocimientos.

7. ¿Qué tipo de decisiones son las que toma usted solo?, ¿por qué no las delega a otras personas?

Respuesta: Un director eficaz no delega todo su trabajo. Algunas tareas son muy complejas, muy urgentes o demasiado importantes para encargárselas a otras personas con menos experiencia. Un directivo deberá realizar esas actividades él solo. Cuando la decisión afecta a _____ *(la gente de mi departamento, los beneficios de la empresa, temas legales, la eficacia)*, yo soy quien toma las decisiones y asume la responsabilidad.

La formación de los empleados

1. ¿Ha seleccionado alguna vez a un empleado?

Respuesta: Hasta ahora, seleccionar a la gente no ha sido una de mis obligaciones, pero he participado en la evaluación de candidatos, ofreciendo recomendaciones y consejo sobre la viabilidad de cada persona y su nivel de conocimiento técnico.

O bien:

Como _____ *(supervisor, director de departamento)*, he entrevistado a candidatos para varios puestos dentro de la empresa. He participado solo o con otros en el proceso de selección y de contratación de los mejores candidatos.

2. ¿De qué forma ayuda a sus subordinados a mejorar en su rendimiento?

Respuesta: En mi opinión, el mejor elemento motivador y la mejor ayuda en el proceso de aprendizaje es la atención personal. Siempre estoy disponible e intento crear una atmósfera productiva que empuje al aprendizaje, a la mejora y a ensanchar las expectativas de futuro. Este ambiente les ayudará a construir una sensación de confianza en sí mismos, en la empresa y en su superior.

3. ¿Cuál es su opinión sobre la importancia de la formación y el desarrollo?

Respuesta: En el clima tan cambiante de hoy en día, es absolutamente necesaria una formación eficaz para mejorar la eficiencia y la disponibilidad de los trabajadores. Pero la formación no consiste únicamente en desarrollar unos conocimientos, sino que también es un instrumento que permite alcanzar los objetivos de la empresa en temas como la innovación, la creatividad, la participación de los trabajadores en la toma de decisiones y el control total de calidad. La formación y el desarrollo tienen mucho que ver con los recursos humanos y el papel que éstos cumplen en un ambiente productivo.

4. ¿Cuáles son las necesidades más inmediatas de formación y desarrollo para la gente de su departamento?

Respuesta: Las necesidades de formación en mi departamento varían no sólo entre determinados grupos de personas, sino también entre las personas individualmente. *(Aquí debes dar más detalles.)* También existen planes de formación sobre dirección y supervisión dirigidos especialmente a los directivos. Además, algunos miembros de nuestro equipo se encuentran actualmente cursando estudios destinados a postgraduados.

5. ¿Qué métodos y técnicas de gestión utiliza para el desarrollo de sus empleados?

Respuesta: He comenzado a poner en práctica varios programas en el área de desarrollo de los recursos humanos. Hacemos una revisión anual de nuestros resultados, analizando las áreas en que hemos cumplido con las expectativas y aquellas que necesitamos mejorar. Los resultados del estudio son la base para determinar qué tipo de conocimientos necesita mejorar cada empleado. La revisión de los recursos humanos, que también tiene lugar una vez al año, subraya los pasos concretos que cada empleado debe seguir para cubrir sus deficiencias y adquirir nuevos conocimientos.

Finalmente, aunque no menos importante, mantengo contacto casi constante con mis empleados y estoy al tanto de sus puntos fuertes y débiles. Ellos mismos me comunican en todo momento sus opiniones acerca de su propio desarrollo.

6. ¿Cuál es su actitud frente a la filosofía de los recursos humanos y el papel de los empleados en las organizaciones de hoy en día?

Respuesta: Suena como una frase hecha, pero el aspecto más importante de una empresa es, sin duda, su gente. Este hecho no se refleja en una hoja de balances ni en los informes anuales. Sin embargo, la llave para alcanzar un buen rendimiento y, en consecuencia, el éxito, la tienen únicamente las personas. La mano de obra actual está mucho más preparada y más capacitada que nunca, por eso la tarea principal de todo directivo debe ser establecer unas vías de comunicación, conseguir que haya un flujo de información e implantar una política empresarial destinada a motivar a la gente, prepararla para afrontar los retos y proporcionar satisfacción laboral, aspecto que está creciendo en importancia para la creación del clima empresarial más adecuado.

Liderazgo

> *Si quieres dirigir a la gente, camina detrás de ellos.*
>
> LAO-TZU

Desde hace algún tiempo el mundo occidental viene sufriendo la falta de líderes. La mayor parte de las empresas sufren también esa enfermedad. Actualmente, los empleados están muy controlados, se les trata como si fueran números, no personas. Las normas y las reglamentaciones dejan poco espacio al liderazgo. La política de las empresas suele ser inflexible y se cumple rígidamente. Con este panorama, resulta muy difícil que nazca un líder.

El concepto de liderazgo está fuertemente asociado a ideas tales como la innovación, la visión de futuro y la confianza, aspectos que, tristemente, no son muy comunes en las organizaciones actuales. Sin embargo, algunas empresas dan un gran valor al liderazgo y es posible que te pregunten una o más de las cuestiones que vienen a continuación, con el único objetivo de evaluar tus cualidades de líder:

1. ¿Piensa que es una persona inteligente?
Respuesta: Para mí una persona inteligente no es necesariamente aquella que tiene un cociente intelectual más elevado. Alguien educado e inteligente es aquél capaz de enfrentarse a determinadas situaciones en la vida e intenta hacer su trabajo lo mejor que puede. Mostramos nuestra valía en la forma en que nos relacionamos con los demás, en cómo nos enfrentamos a los problemas y tomamos decisiones.

Partiendo de esta base y sin falsa modestia, me considero una persona inteligente. Claro que hay muchas cosas que desconozco, pero aprendo constantemente e intento siempre mejorar. Para mí, ser inteligente significa preguntar, escuchar lo que dicen los demás, saber aplicar nuestros conocimientos a los problemas, aprender de nuestros errores y también de los que nos rodean.

2. ¿Le gusta trabajar con la gente?

Las empresas consideran cualidad esencial la capacidad de ser un miembro activo de un equipo y de relacionarse de forma satisfactoria con distintas personas.

Respuesta: Siempre me ha gustado trabajar en equipo y el trato con los compañeros y con los clientes. En un ambiente laboral tan competitivo como el de hoy en día, en el que lo que predomina es la especialización, es necesario organizar y coordinar los esfuerzos de un grupo de personas para alcanzar los objetivos y para que se desarrolle una empresa. Aunque considero que tengo capacidad para trabajar junto con otras personas, ayudar a su motivación y comunicarme con ellas de forma efectiva, intento mejorar constantemente estas cualidades.

3. ¿De qué forma expresa su interés y se mantiene en contacto con sus compañeros de trabajo?

Respuesta: La clave para llevarse bien con los demás consiste en conocerles. Por eso intento saber lo que quieren, cuáles son sus sentimientos y qué es lo que esperan de mí. Si les muestro lo que puedo hacer por ellos, entonces conseguiré más receptividad y una mayor cooperación por su parte. Muestro mi interés organizando reuniones de forma regular, charlando con ellos, consultándoles alguna duda y mostrando mi sincero interés por su trabajo y por sus resultados.

4. En su opinión, ¿qué es lo que define a un buen directivo?

Respuesta: Un buen directivo es aquel dedicado plenamente a los objetivos y a la normativa de la empresa, y que sabe cómo dirigir a sus empleados, motivarles y ayudarles a desarrollar todas sus cualidades. Un buen directivo sabe crear el clima apropiado para que sus empleados intenten superarse a sí mismos, sabe delegar responsabilidades y promover el funcionamiento en equipo.

5. ¿Qué cosas concretas hace usted para dar ejemplo a sus subordinados?

Respuesta: Mi lema es no preguntar a los empleados nada que no quisiera que me preguntaran a mí. El secreto de mi éxito está en actuar de forma justa, tratar a la gente con respeto e interesarme realmente por ellos. Pienso que mi tarea principal es la de crear la atmósfera laboral adecuada, y para lograrlo tengo que empezar por mí mismo, dando el ejemplo apropiado a mis empleados.

6. **¿Cuál fue el peor grupo con el que tuvo que trabajar y por qué?**

La respuesta a esta pregunta depende de tu ocupación y tu experiencia. Puedes referirte a un problema que surgió con algún grupo, como por ejemplo unos clientes, otro departamento, o determinado equipo de trabajo en el que sus integrantes eran muy exigentes pero carecían de profesionalidad y de ética laboral, estaban desmotivados, abusaban de su condición y no cooperaban.

Independientemente del ejemplo que pongas, resalta los pasos que seguiste para arreglar la situación, tus esfuerzos y tu buena disposición para resolver el problema. Sería muy conveniente comentar un asunto relacionado con alguna huelga y las conversaciones que mantuviste con los trabajadores para prevenir que ocurriera. A las empresas con sentimientos antisindicales les encantará tu forma de actuar y la lealtad que demostraste hacia tu empresa.

7. **¿Hay en su departamento algunas personas que no trabajan bien juntas?, ¿qué ha hecho usted para solucionar este problema?**

Respuesta: La mayor parte de las personas de mi departamento trabajan muy bien juntas y tienen unos fuertes sentimientos de pertenencia a un equipo. Ocasionalmente surgen ciertos malentendidos y disputas que hay que resolver, pero suele ser la excepción de la regla. En tales ocasiones actúo como mediador, reuniendo a la gente para discutir abiertamente el problema. Siempre intento mantenerme neutral y proyectar una imagen de persona íntegra y honesta.

8. **¿Qué diferencias hay entre los conceptos de dirección y liderazgo?**

Respuesta: El liderazgo no es fácil de definir. Creo que forma parte de la actividad de un directivo. Ejercer de líder supone mejorar la productividad estimulando la creatividad, aumentar la satisfacción personal, influir en los trabajadores y dirigir su conducta para satisfacer un amplio rango de objetivos.

Por otra parte, la dirección tiene que ver con el control de los recursos de la empresa, la toma de decisiones que incrementen la eficacia y los beneficios, la mejora de las condiciones laborales, la seguridad en el trabajo y la creación de una mano de obra estable, motivada y en la que se pueda confiar. La tarea de los directivos consiste en asegurarse de que se cumple la normativa de la empresa, así como planificar y controlar varias actividades que deriven en los resultados deseados. Para mí, la dirección tiene que ver con el control y la capacidad, mientras que el liderazgo tiene más que ver con la confianza, la credibilidad y la visión de futuro.

9. ¿Se considera mejor directivo que líder o viceversa?, ¿por qué?

Respuesta: Para ser un buen directivo es necesario estar familiarizado con la normativa y la política empresarial, dominar todos los temas de tipo legal y conocer los métodos y estrategias del mundo empresarial, así como los procesos de control y planificación. Sin embargo, un buen líder no tiene por qué saber todo esto, su fuerza está en la capacidad para guiar y motivar a la gente. Además, son personas que disfrutan con el apoyo incondicional de sus seguidores.

Hasta la fecha, he sido capaz de mantener cierto equilibrio entre estas dos cualidades. He cumplido satisfactoriamente con mi papel de directivo y he sabido motivar a mi gente para alcanzar los mejores resultados.

10. Descríbame su trabajo como supervisor.

Respuesta: Un supervisor eficaz debe ayudar a su equipo a realizar sus funciones. Su obligación es definir las tareas, planificar el trabajo, asignar a cada trabajador la labor más apropiada teniendo en cuenta la naturaleza del trabajo y los recursos disponibles, llevar el control de calidad y hacer un seguimiento de cada trabajo. Después, debe contrastar los resultados con la planificación y los criterios de desarrollo fijados previamente, así como modificar el plan para ajustarlo a las circunstancias que se presenten durante el proceso de producción. El supervisor tiene que crear un ambiente laboral que invite al trabajo, abierto a las nuevas ideas y que motive a los trabajadores. Debe fomentar la confianza de los empleados en el supervisor y en la empresa y alcanzar los resultados deseados.

Planificación, organización y gestión de tiempos

El tiempo que se tarda en hacer un trabajo no es ni más ni menos que el que se supone necesario.

C. NORTHCOTE PARKINSON

1. ¿Qué métodos utiliza para la planificación del horario y establecimiento de prioridades?

Respuesta: La planificación en la gestión de mi trabajo es una herramienta imprescindible para alcanzar unos buenos resultados.

Planifico mi tiempo todos los días, todas las semanas, cada mes y cada seis meses. Recurro a varios programas informáticos sobre gestión de empresas que me ayudan a ir modificando esa planificación para reorganizar las actividades que son la base de mi trabajo cotidiano. Cada noche redacto una lista con las cosas que tengo que realizar al día siguiente y echo mano de mi experiencia para establecer prioridades entre las diversas tareas.

2. ¿Qué medidas toma cuando determinados imprevistos obligan a modificar la planificación y el horario previamente establecidos?

Respuesta: A la hora de realizar una buena planificación, ya sea diaria, semanal, mensual o a más largo plazo, es conveniente tener en cuenta imprevistos, problemas o acontecimientos imposibles de predecir. Yo intento planificar mis actividades con cierta flexibilidad para adaptarme a cada caso, permitiendo aplicar fácil e inmediatamente los reajustes necesarios y los cambios eventuales que se presenten. Esto es inevitable en determinadas actividades.

3. ¿Cuáles fueron sus objetivos del año pasado?, ¿llegó a cumplirlos?

Cuando hables de tus planes y de tus objetivos, explica no sólo lo que planificaste, sino también por qué y cómo se realizó esa planificación.

4. ¿Cómo planifica sus actividades día a día?

Respuesta: Cada mañana, lo primero que hago es revisar la lista de «asuntos pendientes» que redacté el día anterior o durante la semana pasada y, después, establezco prioridades. Algunas tareas son importantes y urgentes, otras no tan urgentes aunque importantes y viceversa. Siempre soluciono en primer lugar aquellos asuntos más difíciles, de esta forma evito retrasos y me siento mucho más confiado en mí mismo porque sé que he terminado las tareas más problemáticas.

5. ¿Quién organiza sus viajes de trabajo?, ¿quién decide qué clientes debe visitar y cuándo?

Lo ideal es que fueras tú mismo, porque darías una imagen de persona independiente y con capacidad para la toma de decisiones.

Respuesta: En la planificación mensual, semestral y anual incluyo los viajes de trabajo. Pero, cada dos por tres, éstos se modifican por causas tan diversas como, por ejemplo, que se están poniendo en marcha nuevos proyectos, que el cliente ha cambiado su maquinaria o que tiene un nuevo director. Todos estos acontecimientos obligan a adelantar el viaje para construir futuras relaciones de negocios. Yo mismo organizo casi todos mis viajes, que son aprobados por el director de ventas.

6. ¿Cómo se pone usted al día al volver a su empresa tras un viaje de negocios?
Respuesta: Cuando estoy de viaje sigo en contacto con mis superiores y con mis compañeros de trabajo. Es conveniente llamarlos por teléfono al menos una vez al día y consultar el correo electrónico. Cuando vuelvo, estoy algunos minutos con la gente con la que trabajo y me informo de lo ocurrido mientras me encontraba fuera.

7. ¿Tienen asuntos retrasados en su departamento?, ¿por qué?
Nunca admitas que eres la causa de ese retraso. Aunque reconozcas la existencia de trabajos pendientes en tu departamento, resalta el hecho de que has finalizado a tiempo tus proyectos, trabajos o tareas. Subraya la importancia de las técnicas de planificación.

8. ¿Utiliza algún programa informático sobre gestión de proyectos?, ¿por qué eligió ese programa en particular?
Respuesta: Estoy familiarizado con varios programas de gestión de proyectos, pero prefiero el _____ debido a sus posibilidades y a su fácil manejo. Los manuales son muy completos, están bien escritos y el soporte técnico funciona bastante bien.

9. ¿De qué forma está al tanto de los asuntos que requieren su atención?, ¿cómo establece su orden de prioridades?
Respuesta: Considero imprescindible mantenerse al tanto de todos los asuntos. Con ese objetivo, llevo un diario en el que apunto lo que ocurre, también tengo una pizarra en la que escribo todos los asuntos de los que hay que estar pendiente. Además, todos los días me hago una lista con las cosas que tengo que hacer y la gente que tengo que ver, lo que me ayuda a organizar mi tiempo. Asigno varios niveles de prioridad a cada una de las tareas, algunas son importantes y urgentes, otras urgentes pero no importantes, importantes pero no urgentes, y así sucesivamente. Establezco mis prioridades en relación con estos criterios: importancia y urgencia.

10. Descríbame un día normal en su trabajo *(si el candidato tiene trabajo).*

O *bien:*

Descríbame un día normal en su último trabajo *(si el candidato está en el paro).*

Esta pregunta evalúa, entre otras cosas, tu capacidad de planificación y organización del tiempo, tus prioridades y la gestión de recursos. Expresiones como eficiencia, gestión eficaz del tiempo y realización de las actividades de forma organizada te serán de gran utilidad en tu respuesta.

11. ¿Se considera a sí mismo una persona orientada hacia el futuro, que vive en el presente o en el pasado?

Respuesta: Intento vivir en el presente, pensar en términos de lo que se necesita hacer ahora mismo, en vez de pensar sobre el pasado o de preocuparme sobre el futuro. Las experiencias pasadas tienen un gran valor y hacer planes para el futuro es una actividad importante en el mundo de los negocios, pero concentro mis esfuerzos en los problemas y cuestiones actuales.

Coordinación de personal

1. ¿Qué procedimientos y qué técnicas utiliza para evaluar a sus subordinados?

Respuesta: Cada seis meses ponemos en marcha un programa de evaluación que consiste en una charla entre cada uno de los empleados y su superior. Se hace una evaluación detallada de aspectos como la asistencia, la calidad del trabajo, las ideas y sugerencias realizadas, la formación y el desarrollo, el alcance de los objetivos y metas fijadas en sesiones anteriores, entre otras cosas. Además de estas evaluaciones formales, aprovecho cualquier oportunidad para felicitar a los empleados por su esfuerzo y trabajo bien hecho o, si es necesario, para reprender a quien haya realizado mal su función, por un problema de disciplina o cualquier incumplimiento serio de las normas de la empresa.

2. ¿Cómo establece las relaciones con sus empleados y con sus compañeros de trabajo?

Respuesta: Establezco relaciones de forma natural. Doy mucha importancia a los aspectos no verbales de la comunicación. Me muestro simpático, trato a la gente con respeto e intento estar siempre disponible para escuchar y ayudar a los demás. Sólo así es posible crear un clima familiar y de confianza entre mis empleados. También ayuda bastante el ser capaz de ajustar el propio comportamiento a una situación particular o a una persona en concreto. Es importante adecuar el tono y la modulación de la voz a los de la persona con la que se habla, hay que controlar el lenguaje del cuerpo, la postura y los gestos. Todo esto debe surgir de forma automática, natural. Creo que tengo bastante suerte porque no tengo problemas a la hora de establecer relaciones con mis compañeros, superiores o empleados.

3. Cuénteme en qué consisten las reuniones con sus empleados y el contenido de las mismas.

Respuesta: Nuestras reuniones diarias son breves y tratan sobre las tareas a realizar cada día y sobre asuntos actuales. En las reuniones semanales se presenta la información proveniente de los directivos y de otros departamentos e incluye una sesión de planificación para la semana próxima. Se ofrece a cada empleado la oportunidad de informar a los demás sobre sus proyectos así como tratar ciertos temas y asuntos. Se establecen turnos rotatorios entre el personal para establecer quién actuará como presidente de la reunión. El director se encarga de hacer de mediador, moderador o coordinador.

4. ¿Hasta qué punto participan sus subordinados en las decisiones que usted toma?

Respuesta: Siempre que lo considero apropiado, pido a mis compañeros y subordinados su opinión o recomendación. Al influir en el proceso de toma de decisiones, sienten que participan de forma activa y no son observadores pasivos sin voz ni voto. Además, adquieren experiencia para desempeñar puestos de mayor responsabilidad en el futuro. En algunos casos, los miembros del equipo toman sus propias decisiones y asumen la responsabilidad de terminar el trabajo de forma satisfactoria.

5. Descríbame alguna ocasión en la que un empleado acudiera a usted con un problema personal. ¿Cómo reaccionó ante esta situación?

Respuesta: Puedo recordar varias ocasiones de este tipo. En una ocasión noté que había descendido considerablemente la productividad de uno de los empleados. Se trataba de una de las trabajadoras más responsables. Alguna razón había afectado a su rendimiento.

Justo cuando pensaba hablar con ella, fue ella misma quien vino a verme y me explicó su problema. Su padre estaba muy enfermo y me solicitó permiso para ausentarse varios días, ya que hacía pocos meses que se había marchado de vacaciones. Comprobé la veracidad de su petición y le autoricé a marcharse diez días apelando a razones humanitarias. Todo terminó bien, su padre se recuperó y ella sigue siendo una de las mejores en su trabajo, con un rendimiento mucho mejor que nunca.

6. ¿Qué haría si su subordinado no realizara bien su trabajo?

Respuesta: En primer lugar hay que buscar las causas de ese fracaso, tales como falta de capacidad, falta de motivación o interés, inexperiencia, pocos recursos o falta de tiempo, problemas personales y cosas por el estilo.

Una vez que se sabe la razón, se intentará crear unas líneas de actuación para el futuro con tareas específicas, objetivos y horarios. El directivo tiene que dejar muy claro su punto de vista al empleado, así como los criterios de rendimiento. El siguiente paso implicaría seguir muy de cerca la evolución del empleado y proporcionarle una retroalimentación apropiada ante sus acciones y esfuerzos.

7. ¿Cómo despediría a un empleado que no está realizando correctamente su trabajo?

Respuesta: Si después de repetir dos o más veces los pasos arriba mencionados el empleado continúa sin rendir lo exigido y queremos preservar los intereses de la empresa, probablemente la única opción será despedirle.

En la entrevista para el despido es necesario aclarar y discutir todos los puntos, tales como la evidencia clara de unos resultados inapropiados, factores que han contribuido al fracaso, razones para el despido y condiciones detalladas del despido o de la transferencia a otro puesto de trabajo. Esto último constituye una opción viable en algunos casos en que el empleado podría contribuir positivamente en un puesto distinto dentro de la misma empresa.

Es necesario cumplir con la normativa y seguir los procedimientos que marca la política de la empresa, así como las leyes o regulaciones sobre esta situación particular. Todas las acciones y conclusiones deberán estar bien documentadas y habrá que informar al empleado de todos los beneficios y ayudas a los que se puede acoger (finiquito, ayudas al personal de oficinas, agencias de empleo y cosas por el estilo).

CONOCIMIENTO PROFESIONAL

Un experto es aquel que conoce más y más cosas sobre lo mínimo posible.

NICHOLAS MURRAY BUTLER

Es muy difícil, casi imposible, escribir todas las preguntas que pueda plantear el entrevistador sobre un tema altamente especializado, y mucho más las respuestas. Las preguntas dependen totalmente de tu profesión, del conocimiento de los entrevistadores sobre tal área y el tipo de trabajo para el que te entrevistes.

El propósito principal de esta sección es ofrecerte una idea sobre la forma y el contenido de las preguntas especializadas. Prepárate para afrontar las preguntas más específicas, como: «¿Qué tipo de controladores lógicos se programaron y qué paquete de software y de gráficos instaló en la informatización del proyecto mencionado?»

1. ¿Tiene experiencia en _____?

- ✎ *Legislación de familia* (abogado).
- ✎ *Electricidad de alto voltaje* (ingeniero eléctrico).
- ✎ *AutoCad o diseño con ayuda del ordenador* (diseñador gráfico).

2. En su currículum indica que tiene experiencia en la organización de cierre de empresas así como en el proceso principal de mantenimiento. ¿Qué estrategias de aproximación y qué métodos de planificación y de dirección puso en marcha? (Jefe de mantenimiento).

3. Ponga un ejemplo de un conflicto empresarial en el que usted participara recientemente. (Jefe de relaciones empresariales).

4. Uno de sus logros en la empresa ACME fue la introducción de la técnica de Dirección por Objetivos. ¿Podría explicar brevemente las razones por las que tomó tal decisión y las dificultades a las que se enfrentó? Enumere los beneficios que se obtuvieron como resultado de su aplicación. (Jefe de departamento).

5. Descríbame lo que hizo cuando tuvo que despedir a un empleado que no rendía de forma apropiada. (Jefe de personal).

6. ¿Cómo se prepara para realizar la presentación de un producto especialmente difícil? (Vendedor).

7. Es muy normal que, de vez en cuando, surja algún problema con un niño en particular o con una clase. Cuénteme su experiencia en ese sentido. ¿Qué métodos utiliza normalmente para resolver ese problema? (Profesor).

8. ¿Ha trabajado alguna vez con el sistema operativo UNIX?, ¿qué lenguaje de programación ha utilizado? (Programador).

9. ¿Ha tratado alguna vez pacientes con Parkinson? (Médico).

AUTODESARROLLO

Lo único que merece la pena saber es lo que aprendemos cuando ya lo sabemos todo.

HARRY S. TRUMAN

1. ¿De qué manera se mantiene informado sobre los acontecimientos y las noticias que tienen lugar en otros departamentos o sectores de su empresa?

Respuesta: Acudo de forma regular a las reuniones de departamentos y leo las noticias de la empresa, lo que me ayuda a estar al corriente de los nuevos desarrollos y tendencias. De todas formas, la información más interesante la consigo a través de amigos en otros departamentos. A menudo trabajamos conjuntamente en proyectos multidisciplinarios. Este tipo de interacción es muy importante, ya que ayuda a comprender y apreciar el trabajo que hacen otros y promueve el trabajo en equipo.

2. ¿Está suscrito a alguna publicación profesional?, ¿a cuál de ellas?

Respuesta: Recibo varias publicaciones profesionales, algunas de ellas son particularmente útiles. Desde hace cuatro años recibo ____
_____.

3. ¿Cuáles son sus planes de autodesarrollo para el futuro?

Respuesta: Mi meta general es continuar con mi formación, ampliar mi conocimiento y mejorar mis aptitudes. La tecnología cambia tan deprisa que, para estar al día, la formación permanente es un objetivo prioritario. Utilizo mi trabajo como medio de formación y también tengo planeado asistir a cursos de _____ (hablar en público, procesador de textos, cuidados infantiles) en (la universidad o escuela) _____.

4. ¿En qué áreas querría mejorar?

Menciona aspectos no relacionados directamente con tu trabajo, algo que conviene saber aunque no sea imprescindible para el trabajo.

Respuesta: Me gustaría mejorar mis conocimientos de _____ (teneduría de libros, informática, dirección de empresas). Pienso que esa área es muy importante para mi crecimiento profesional y mi contribución a la empresa.

5. ¿Qué ha realizado en los últimos dos años para contribuir a su formación?

Respuesta: Hace seis meses _____ *(obtuve mi licenciatura, comencé el máster)* y asistí a varios cursos y seminarios que me ayudaron a mejorar mis conocimientos sobre _____ *(dirección de empresas, mecanografía).*

También aprendí bastantes cosas en el desempeño de mi trabajo, lo que me ayudó a ser ascendido al puesto de _____ *(supervisor, inspector, analista).*

6. ¿Ha participado o asistido a algún seminario o conferencia profesional durante los últimos dos años?

Respuesta: Recientemente pronuncié una conferencia en las Jornadas sobre _____. También asistí al Congreso sobre _____.

7. ¿Los cursos a los que ha asistido han sido financiados por su empresa o corrieron por su cuenta?

Respuesta: Algunos cursos, la mayoría de carácter interno, fueron financiados por la empresa. Mi asistencia a cursos y conferencias fuera de la empresa ha corrido por mi cuenta. Pienso que la formación constituye una inversión valiosa y una manera bastante eficaz de mejorar mis aptitudes y mi rendimiento en el trabajo.

8. ¿Cómo ve su posición de aquí a dos años?, ¿cree que cambiará?, ¿qué acciones pondrá en marcha para prepararse frente a los cambios que se avecinan?

La respuesta a la primera pregunta dependerá de tu situación particular. En la segunda parte de tu respuesta, subraya los planes de formación y desarrollo de tus aptitudes.

TOMA DE DECISIONES

Capacidad de decisión

1. ¿Qué tipo de decisiones suele tomar rápidamente y para cuáles necesita más tiempo?

En tu respuesta, enfatiza el hecho de que generalmente tomas decisiones rápidamente y te ciñes a ellas, cambiándolas lentamente (sólo si es necesario). Así es como actúa la gente con éxito. En las preguntas 2 y 3 también puedes extenderte en estas explicaciones.

2. ¿Cuál es la decisión más difícil que ha tenido que tomar últimamente? ¿Por qué era tan difícil?

Respuesta: Las decisiones más difíciles que he tomado han sido aquellas que afectaban a otras personas o que tuvieron un gran impacto en el éxito y en la rentabilidad de una operación determinada. Una de las más duras decisiones que tuve que tomar fue la de contratar mano de obra específica para un proyecto de larga duración y un trabajo de mantenimiento. Y lo hice pensando en su mayor eficacia, fiabilidad y rentabilidad. Sin embargo, en la empresa ya existía una mano de obra permanente con prácticas laborales restrictivas, altos salarios y pago de horas extras, baja eficacia y baja motivación. Aunque mi estrategia suponía un gran número de despidos y jubilaciones anticipadas, siempre debe primar la supervivencia de la empresa, pues lo contrario afectaría a un mayor número de personas. Los tiempos duros requieren la toma de decisiones duras.

3. ¿Ha retrasado alguna vez su decisión al objeto de tomarse algún tiempo para pensar?, ¿cuál fue el resultado de esa decisión?

Respuesta: Siempre existe una información vital o un hecho que es necesario conocer para tomar una decisión adecuada. Si tal información no está disponible y si un retraso no influye en los resultados, normalmente pospongo mi decisión hasta conocer la información. Ésta es la razón principal por la que suelo posponer una decisión.

En raras ocasiones necesito tiempo, suelo actuar rápidamente y sólo cambio de parecer si veo que los resultados no son lo que esperaba.

Juicio

1. ¿Cuáles son las decisiones más importantes que ha tomado usted en su vida?

Responda que una de las decisiones más importantes fue, por ejemplo, la de emigrar a otro país, cambiar de profesión o de ciudad, estudiar una segunda carrera, realizar estudios de postgraduado, hacer la mili, o cosas tan significativas como éstas.

2. En su trabajo, ¿qué decisiones son las que le costó más tiempo tomar?

Responda de forma similar a la primera pregunta del epígrafe sobre «Capacidad de decisión».

3. ¿Puede poner algún ejemplo de decisiones buenas y no tan buenas que haya tomado usted recientemente?

Cuando menciones las malas decisiones (las menos posibles) apunta rápidamente la acción que realizaste para corregir ese error y los buenos resultados obtenidos.

Respuesta: Pienso que siempre es preferible tomar una decisión corriendo el riesgo de equivocarte que no tomar ninguna. Los problemas no se resuelven sin actuar.

4. ¿Qué hace cuando tiene que tomar una decisión importante?

Respuesta: Antes de tomar una decisión importante hago tres cosas. Primero, analizo todos los aspectos del tema y todas las consecuencias posibles. Segundo, intento anticipar los problemas potenciales que afectan a la decisión o que pueden aparecer debido a la misma. Tercero, hablo con las personas que se verán afectadas por tal decisión y recojo sus opiniones sobre el tema. Sólo siguiendo estos pasos nos aseguraremos de que estamos tomando la decisión óptima y correcta.

Resolución de problemas

1. ¿Ha sido usted capaz de reconocer o predecir un problema antes que sus superiores?

Insiste en el hecho de que eres una persona con los ojos bien abiertos y con los oídos atentos, que analiza constantemente las ten-

dencias y que sabe darse cuenta en seguida de los problemas que puedan surgir. Los entrevistadores valoran mucho esta cualidad.

Respuesta: En algunas ocasiones he advertido ciertos problemas que podrían causar un gran impacto en _____ *(la producción, la seguridad, la ética profesional y la eficacia).*

La familiaridad con la maquinaria y con los procedimientos es parte importante de mi trabajo ya que me ayuda a identificar rápidamente las tendencias, los patrones, los problemas potenciales y los factores críticos para el éxito, normalmente antes que otras personas. *(Añade un ejemplo tomado de tu propia experiencia).*

2. **¿Cómo se prepara ante las posibles complicaciones que puedan surgir?**

Respuesta: Siempre estudio un problema como si éste se presentara por primera vez. No me centro en cómo se solucionó en el pasado. No tengo ideas preconcebidas, pienso que nada es definitivo. La única certeza que tengo desde el principio es que la solución existe, está ahí, no hay más que encontrarla.

3. **¿Qué problemas se le han presentado de sorpresa? ¿Fue posible anticiparlos?**

Respuesta: Aquí es donde entra en juego la capacidad de cada cual. No se trata únicamente de mezclar conocimiento con experiencia, sino que también influye toda la filosofía de trabajo, que incluye la ética laboral, la motivación y los esfuerzos junto con la experiencia, la forma de pensar y la resolución de problemas.

En mi profesión es de vital importancia la habilidad para anticipar problemas y prepararse para afrontarlos con antelación. Sin embargo, hay obstáculos que son muy difíciles de predecir o anticipar, si no imposible. Uno de nuestros problemas actuales es _____. Nunca había surgido ninguna complicación del mismo estilo con anterioridad y tendremos que crear estrategias que nos ayuden a resolverlo.

Asumir riesgos

El riesgo actúa de forma inversamente proporcional al conocimiento.

Irving Fisher, *The Theory of Interest*

Las dos primeras preguntas requieren contestaciones concretas, así que en vez de dar las respuestas modelo, pienso que es más apro-

piado hacer algunas indicaciones al respecto. Utiliza ejemplos que refuercen tu imagen de persona preparada para asumir riesgos calculados cuando sea necesario, pero también alguien capaz de posponer una decisión en ciertas circunstancias al objeto de reunir más información necesaria para tomar la decisión correcta.

1. ¿Cuál fue la decisión más arriesgada que tomó?

2. Describa una situación reciente en que tuviera que decidir algo que implicara más riesgo de lo normal.

3. ¿Tomó alguna decisión sin la información necesaria?, ¿por qué no esperó a obtener dicha información?
Respuesta: En alguna ocasión decidí algo sin tener toda la información necesaria sobre las posibles soluciones. Pero sí conocía el problema, sus síntomas y sus causas, así como el impacto que podría llegar a producir en nuestra maquinaria y en el proceso de producción. Además, era necesario ponerse rápidamente en acción de forma enérgica para prevenir un desastre mayor. Aunque hay veces en que hay que asumir riesgos, pienso que es mucho mejor jugar sobre seguro.

4. Describa una situación en que recibió una instrucción o se le ordenó un procedimiento de actuación con el que usted no estaba de acuerdo. ¿Qué hizo y por qué?
Respuesta: Aunque no debería ocurrir así, lo cierto es que quienes dan las instrucciones son muchas veces inexpertos. Siempre que me he topado con una situación del estilo, he explicado a mis superiores la razón de por qué no estoy de acuerdo, y he sugerido acciones destinadas a corregir el problema o medidas que mejoren el proceso.
(Ahora añade un ejemplo tomado de tu propia experiencia.)

5. ¿Alguna vez le ocurrió que, después de considerar todos los pros y los contras, decidió no actuar en ningún sentido, a pesar de las presiones para hacerlo?
La mejor razón que puedes aducir es que tuviste que esperar a obtener la información completa o esencial para prevenir una toma de decisión impulsiva o irresponsable Esto te ayudará a parecer una persona sistemática, organizada y capaz de pensar fríamente, en vez de un adivino.

6. ¿Piensa que las grandes empresas, como la suya en la actualidad, no incentivan a sus trabajadores para que asuman riesgos?

Aquí se puede contestar de dos maneras: si la empresa para la que te entrevistas es de grandes dimensiones, la respuesta está clara: las grandes empresas sí que animan a la gente a experimentar y asumir riesgos.

Si te entrevistan para un puesto en una pequeña empresa, di que ésta es una de las razones por las que quieres dejar tu anterior trabajo. Quieres incorporarte a una organización más dinámica en la que la gente se haga cargo de sus propias responsabilidades. Te gusta asumir riesgos calculados y, tal y como se demuestra en tu currículum, el éxito en tu profesión se debe a que has acertado a la hora de tomar decisiones.

7. ¿Hay algunas áreas de su actual trabajo en las que cree que debería tener autorización para tomar decisiones y, sin embargo, no ocurre así?

Esta pregunta te da la oportunidad de resaltar aquellas cualidades que tu empresa anterior no supo aprovechar. Intenta no expresar amargura, desilusión, resentimiento o frustración por este hecho, lo cual no es fácil, porque probablemente será una de las causas por las que quieres dejar ese puesto de trabajo.

Seguridad

En el clima laboral que existe hoy en día, lleno de amenazas a las empresas, como son los juicios, reclamaciones por daños y perjuicios, indemnizaciones a trabajadores y fuertes multas emitidas por diversos organismos, la seguridad es un tema de primer orden. Exprésate en ese sentido.

1. Ocasionalmente, es necesario hacer una excepción en las reglas al objeto de terminar un trabajo. ¿Ha actuado alguna vez bajo este punto de vista?, ¿cuál fue el resultado?

Respuesta: Yo siempre respeto las normas de seguridad. Únicamente me permito saltarme ligeramente las normas para realizar un trabajo determinado y en situaciones muy excepcionales. Hace varios meses _____. *(Pon un ejemplo sobre una alternativa segura al procedimiento normal que finalizó con resultados satisfactorios y que permitió ahorrar tiempo y dinero.)*

2.   Describa una situación pasada en que se dio cuenta de lo inseguro que era realizar una tarea concreta o cuando un procedimiento determinado creó una situación de peligro. ¿Qué hizo usted?

Respuesta: En varias ocasiones he descubierto que determinadas tareas eran inseguras o que se realizaban de forma ineficaz. En una ocasión _____. *(Pon un ejemplo.)* Yo no participaba en ese proyecto, pero avisé rápidamente a los trabajadores y se solucionó el problema. También informé a su supervisor. Más tarde se implantó una nueva medida de seguridad y, desde entonces, no hemos tenido más problemas de ese tipo.

3.   ¿Ha tenido que reprender a algún empleado por no observar o por violar las normas de seguridad?

Respuesta: En el pasado tuve que enfrentarme a bastantes incumplimientos de las normas de seguridad y de la reglamentación de la empresa. La mayor parte de los accidentes tenían siempre la misma causa _____ *(los trabajadores no llevaban gafas protectoras o protección auditiva, no utilizaban las herramientas adecuadas, se levantaban pesos de forma inapropiada, etc.).*

Me di cuenta de que podía suceder algo grave y conseguí que se castigara con mayor firmeza el incumplimiento de las normas de seguridad. Desde entonces, descendió significativamente el número de accidentes laborales. Actualmente, todos los empleados reconocen la importancia de dichas normas.

4.   ¿Ha advertido alguna vez, antes que sus superiores, la existencia de posibles peligros en materia de salud o de seguridad?, ¿cuál era el problema y qué acción tomó al respecto?

Respuesta: En algunas ocasiones fui el primero en reconocer que se estaba poniendo en peligro la seguridad de los trabajadores. Gracias a mi experiencia en _____ *(control de incendios, control de reciclados, mantenimiento)* pude prever los riesgos, eliminando el peligro existente. Siempre que descubro una irregularidad o algún indicio de falta de seguridad, investigo sobre el tema e informo convenientemente a los encargados de seguridad.

5.   ¿Ha sufrido en alguna ocasión un accidente laboral?, ¿qué pasó y qué consecuencias tuvo lo sucedido?

Responde con absoluta sinceridad. Este tipo de información puede ser comprobada en varios archivos y bases de datos. Si tienes secuelas del accidente, éstas saldrán a la luz durante un reconocimiento médico.

Respuesta: No, nunca tuve ningún accidente laboral. Una de mis prioridades es la de respetar las normas de seguridad. Intento hacerlo todo de manera segura y eficaz.

O bien:

Hace _____ *(diez, cinco, dos)* años tuve una lesión _____ *(ocular, en un brazo, en la columna vertebral, muscular).* Aunque llevaba el equipo de seguridad y respeté todas las normas, el suceso tuvo lugar debido a _____ *(un fallo en la maquinaria, una avería en el equipo, unos dispositivos de seguridad inapropiados).* Pero me recuperé rápidamente y el accidente no me dejó secuelas.

Información interna y externa

1. **¿Con qué departamentos colabora en su trabajo actual?**
Explica la relación y la dependencia mutua entre los departamentos, así como la frecuencia y la forma en que se comunican entre sí.

2. **¿Qué hace cuando es imposible solucionar un problema dentro de su departamento?**
Respuesta: Para lograr resultados en el más corto período de tiempo es necesario trabajar estrechamente junto con otros departamentos. Cuando me enfrento a un problema en que es necesario solicitar ayuda externa, exploro todas las posibilidades y consulto a mis compañeros de otros departamentos. Unas veces nos sugieren una acción específica y nos ayudan a llevarla a cabo, y otras finalizan ellos mismos el trabajo. La opción mejor o más eficaz dependerá de cada problema en particular y de la cualificación de los empleados.

3. **¿Qué recursos o servicios de la empresa utiliza más frecuentemente?**
Según sea la naturaleza de tu trabajo necesitarás dibujantes, secretarias, ingenieros, seguridad o cualquier otro tipo de servicios. También puedes mencionar la mano de obra temporal y los contratos por obra.

4. **¿Cómo se mantiene informado sobre los nuevos desarrollos en los otros departamentos?**
Respuesta: La mejor manera de estar informado sobre los nuevos acontecimientos es mediante contactos regulares, ya sea personales o telefónicos, con los compañeros que trabajan en otros departamen-

tos. También mediante las reuniones interdepartamentales que tienen lugar una vez a la semana. Además, circulan mensajes y minutas internas (intranet).

5. ¿Qué métodos utiliza para saber lo que está haciendo la competencia?

Respuesta: Utilizo varios. Una fuente vital de información son las revistas y publicaciones profesionales sobre economía y el mundo de la empresa, así como los contactos de trabajo con personas de otras compañías. La información «interna» es de gran valor. Las muestras y las ferias proporcionan una ocasión especial para conocer gente y hablar con ella. Además, constituyen una buena oportunidad para examinar los productos y servicios que hay en el mercado. Por último, aunque no menos importante, consigo información sobre otras empresas y sus planes de futuro a través de nuestros proveedores y vendedores.

6. ¿Qué organismos estatales tienen que ver con la actividad de su empresa y de qué forma actúan?

La respuesta a esta pregunta dependerá de tu puesto y del sector en el que trabajes. Como desconoces la opinión que le merecen al entrevistador determinados organismos estatales, es mejor que no critiques su actuación, no hables mal ni te quejes sobre ellos. Explica las dificultades con las que sueles tropezar y lo que haces para resolverlas. Ten en cuenta esta misma observación en las dos preguntas siguientes.

7. ¿Cuáles son las tendencias para el futuro de este sector?

Por muy negro que lo veas, tus observaciones sobre la empresa que te está entrevistando deberán ser siempre positivas y optimistas. Proyecta una imagen de entusiasmo y de gran confianza en el futuro.

8. ¿Qué hechos ocurridos fuera de la empresa afectaron a sus operaciones durante los últimos años?, ¿cómo se adaptó a estos cambios?

Aquí es donde se valora tu conocimiento general sobre el sector empresarial en el que te mueves. Algunos de los hechos, acontecimientos o desarrollos que puedes mencionar son: nueva normativa estatal, cambios en el mercado, acciones llevadas a cabo por la competencia, crisis, etc. Lo más importante es dar la impresión de estar informado sobre los últimos acontecimientos y presentar una actitud flexible proporcionando ejemplos de tu respuesta positiva hacia esos cambios.

METAS PROFESIONALES

> *Lo que más me interesa es el futuro porque es allí donde pasaré el resto de mi vida.*
>
> CHARLES F. KETTERING

1. ¿Qué metas se ha fijado para los próximo cinco años?, ¿qué piensa hacer para alcanzarlas?

Respuesta: Mis planes para los próximos años son mejorar mi capacidad de gestión, mis relaciones interpersonales y asumir una mayor responsabilidad en _____ *(especifica tus metas).*

Tengo previsto continuar/comenzar los estudios de postgraduado en gestión de empresas y encontrar un puesto laboral que me permita crecer personal y profesionalmente. Busco un trabajo que me ofrezca la oportunidad de alcanzar resultados tangibles y que me permita avanzar en mi profesión. Pienso que encajo perfectamente en este puesto de trabajo donde, además, se me ofrecen nuevas oportunidades para alcanzar el éxito.

2. ¿Cómo se ve dentro de diez años?

Algunos entrevistadores preguntarán sobre los planes a largo plazo y sobre qué piensas hacer para alcanzar tus objetivos. Aunque es una pregunta difícil de responder, prepárate para hacerlo. No contestes con una gracia del tipo «me veo sentada en su sillón». A nadie le gusta que hagan bromas a su costa.

Respuesta: En los próximos años espero progresar en el ámbito de _____. Para entonces, habré mejorado mis aptitudes técnicas y habré adquirido conocimientos sobre la gestión de empresas.

3. ¿Qué medidas ha tomado para alcanzar sus metas?

Respuesta: Una de las medidas más significativas ha sido solicitar este puesto de trabajo, ya que puede ser importante para mi futuro, junto con la cualificación adicional que espero obtener dentro de _____ años. Por otra parte, he comenzado mi formación en el área de _____ *(la informática, técnicas de dirección).*

4. ¿Qué tiene que ver su trabajo actual con sus metas laborales?

Para aquellos que siguen en la misma profesión:

Respuesta: Mi actual/anterior puesto de trabajo encaja/encajaba bastante bien en mis planes profesionales. He aprendido mucho, he mejorado en cuanto a rendimiento y también como persona, he alcanzado resultados positivos y he subido de categoría profesional. Sin embargo, las oportunidades actuales en _____ *(tu puesto de trabajo)* son bastante limitadas y por eso pensé en cambiar de empresa. Estoy preparado para aceptar nuevas responsabilidades.

Para los que quieren cambiar de profesión:

Respuesta: Tras _____ *(número de años)* trabajando en _____ *(tu anterior o actual ocupación),* he decidido desarrollar mi trabajo en el campo de _____ *(nueva profesión).* Este cambio no se ha producido de forma repentina. Siempre me ha gustado esta profesión y fui aprendiendo de forma gradual los conocimientos necesarios para desempeñarla. Me encuentro totalmente preparado/a para asumir mis responsabilidades y empezar a ofrecer resultados.

5. ¿Por qué cree que este trabajo le ayudará a alcanzar sus metas profesionales?

Una pregunta muy importante. Prepara tu respuesta cuidadosamente, que sepan que conoces el trabajo para el que te presentas y que encaja perfectamente en tus planes profesionales.

Respuesta: Creo que este trabajo es una oportunidad para aprender más sobre _____ *(marketing, autoedición, dirección de empresas)* y sacar el máximo partido de mis aptitudes. La experiencia me será de gran utilidad para llegar a ser _____ *(abogado, ingeniero jefe, director ejecutivo)* dentro de algunos años.

6. ¿Qué objetivos se propuso al terminar sus estudios?, ¿piensa que los ha alcanzado?

Respuesta: Tras finalizar mis estudios, mi principal objetivo era aprender todo lo posible de mi profesión. Mi primer trabajo en _____ tenía mucho que ver con ese objetivo porque me sirvió para desarrollar mis aptitudes. Otra meta que me marqué fue la de seguir formándome y ampliar mis conocimientos, no sólo en el trabajo, sino también en relación con los estudios. Me gusta el área profesional que he escogido y, hasta la fecha, estoy muy satisfecho con los resultados obtenidos. Sí, creo que he alcanzado las metas que me propuse.

7. ¿Ha considerado realizar algún otro tipo de trabajo en el futuro?

Respuesta: No, porque estoy bastante contento/a con esta profesión y con los progresos que he hecho hasta ahora. De todas formas, si surgiera la oportunidad, consideraría el cambiar de ocupación. Me considero una persona flexible que siempre deja las puertas abiertas a cualquier oportunidad nueva.

8. Si llegara a ocupar este puesto de trabajo, ¿cuándo esperaría conseguir un ascenso?

Respuesta: Creo que los ascensos no se deben esperar, sino merecer. Primero, tendría que aprender las tareas propias de este puesto de trabajo y realizarlas satisfactoriamente para contribuir de forma significativa al desarrollo de la empresa. Una vez cumplidos tales objetivos, y si surgiera la oportunidad, me sentiría capaz de aceptar nuevos retos.

9. En caso de ocupar este puesto ¿cuánto tiempo cree que permanecería en la empresa?

Respuesta: Este trabajo se adapta perfectamente a mi trayectoria profesional y ofrece grandes oportunidades para desarrollarse en ese aspecto. Espero empezar a ser productivo muy pronto, y mientras continúe formándome y contribuyendo al éxito de la empresa, no habrá ninguna razón para que me marche.

10. ¿Qué importancia tiene para usted la oportunidad de avanzar en su carrera y llegar hasta la cima?

Respuesta: Llegar a la cima es una expresión con un significado muy relativo. Para mí, lo más importante es hacer un trabajo profesional y de buena calidad. Una vez que concentras tus esfuerzos en ofrecer buenos resultados, aumentar los conocimientos y en una formación constante, el avance viene por sí solo. Si por llegar a la cima se entiende obtener los mejores resultados posibles y tener éxito en la profesión, entonces considero que es muy importante.

11. ¿Cambiaría de profesión en el futuro si tuviera la oportunidad?

Aquí la respuesta debe ser exactamente igual o similar a la de la pregunta número 7.

12. ¿Cuánto tiempo lleva buscando trabajo?

Aunque lleves algún tiempo, nunca lo admitas. Di que acabas de empezar a buscar una ocupación distinta a la que tienes actualmente. La historia es completamente diferente si estás en el paro. En ese caso es posible que no te hagan esta pregunta ya que la respuesta se verá claramente en tu currículum.

Respuesta: Ésta es la primera entrevista que realizo desde hace algún tiempo. Aunque siempre he seguido muy de cerca el mercado de trabajo, en realidad no me he decidido a buscar otro empleo hasta hace muy poco. Factores como la crisis industrial, la falta de oportunidades en mi actual puesto y mi preparación para asumir nuevas responsabilidades son los que me han empujado a considerar otras opciones.

13. ¿Se ha entrevistado recientemente con alguna otra empresa?, ¿cómo le fue en dichas entrevistas?

Esta pregunta puede hacerte caer en la trampa. Ten cuidado. Nunca admitas que no pasaste con éxito las otras entrevistas. La lógica del entrevistador es «si no les sirvió a ellos, ¿por qué razón nos va a servir a nosotros?».

Respuesta: Recientemente no he tenido ninguna entrevista, pero hace tiempo un porcentaje muy alto de las entrevistas que realicé me proporcionaron trabajo. Los entrevistadores supieron reconocer mi talento y mi experiencia, ofreciéndome puestos de responsabilidad creciente.

14. ¿Qué referencias piensa que obtendrá de su superior actual?

Respuesta: Todas mis referencias han sido siempre muy buenas, estoy seguro de que mi jefe le dará unas referencias excelentes de mí.

15. ¿Sabe su actual empresa que está buscando otro trabajo?

Respuesta: No, mis jefes actuales no saben que estoy estudiando otras ofertas de empleo. Pero una vez encuentre otro trabajo, les hablaré de mis planes y de mis intenciones.

O bien:

Sí, mis jefes actuales saben que estoy estudiando otras ofertas de empleo, pero si desea hablar con ellos le agradecería que me informara previamente para poder ponerles al día.

EXPERIENCIA E HISTORIAL LABORAL

Los errores se evitan con la experiencia y la experiencia se consigue cometiendo errores.

Lema de los buscadores de trabajo

1. ¿Cómo consiguió su primer trabajo tras finalizar sus estudios?, ¿con qué dificultades tropezó al querer introducirse en la industria _____ (petrolera, minera, hospitalaria, de las finanzas)?

Respuesta: Durante mis vacaciones de verano trabajé en algunas de las empresas más importantes y adquirí una valiosa experiencia. Además, tuve la oportunidad de establecer contactos. Al finalizar mis estudios, una de estas empresas tenía un puesto vacante para una persona licenciada en _____ *(derecho, económicas, empresariales)*. El puesto requería tener facilidad para las relaciones personales, un espíritu analítico y un buen expediente académico. Me seleccionaron y me ofrecieron la oportunidad de poner a prueba mis capacidades en ese tipo de trabajo tan exigente aunque divertido.

2. ¿Qué tipo de beneficios obtuvo de su primer trabajo?, ¿qué conclusiones sacó de esa experiencia?

Respuesta: El paso de la universidad a la empresa constituyó un momento crucial en mi carrera. Durante mis estudios me preparé intelectualmente, pero casi todos los conocimientos prácticos los adquirí en el trabajo. Aprendí a aplicarlos a gran variedad de problemas, como por ejemplo tomar decisiones y establecer metas y prioridades. Me familiaricé con la forma de actuar y con las normativas que debe cumplir todo buen profesional. Finalmente saqué la conclusión de que es muy importante saber relacionarse con los compañeros, trabajar en equipo y alcanzar resultados tangibles.

3. ¿Por qué razón dejó su trabajo en _____?, ¿le ofrecieron mejores condiciones o se trataba del mismo tipo de puesto?

Respuesta: En esa empresa aprendí bastante. Pero me estaba especializando demasiado en las áreas de _____. Sin embargo, me faltaba experiencia en otros aspectos de mi profesión, tales como _____ (contabilidad, seguros, diseño). El trabajo que tuve a continuación me ofrecía nuevas oportunidades de crecimiento. Adquirí un mayor conocimiento y asumí mayores responsabilidades. Aunque cambié a un puesto de las mismas características que el anterior, pienso que tomé la mejor decisión de mi carrera.

4. ¿Ha cambiado alguna vez de trabajo exclusivamente por razones de tipo económico?

Debes responder que no. Tienes que proyectar una imagen de persona que da más valor a la empresa, al trabajo y a los compañeros que a las compensaciones económicas.

Respuesta: La remuneración es un factor de motivación importante pero creo que su importancia es secundaria. Aspectos como la naturaleza del trabajo, el ambiente laboral, la oportunidad de aprender y participar en proyectos nuevos e interesantes formando parte de un equipo son mucho más significativos para mí. Nunca he cambiado de trabajo movido únicamente por razones de tipo económico.

5. ¿Ha ascendido alguna vez dentro de una empresa?, ¿cómo se sintió tras el ascenso?, ¿entraba dentro de sus planes?

Si fuiste promocionado/a, menciona los puntos fuertes, cualidades y logros que motivaron tu ascenso. Comenta que recibiste la noticia con agrado y que este hecho sirvió para aumentar tu motivación al proporcionarte más autoridad y mayores responsabilidades.

6. ¿Por qué le despidieron en _____?

Si el puesto de trabajo tenía que desaparecer no fue un error tuyo, sino de la empresa. A pesar de hacerlo lo mejor posible, tus superiores no supieron aprovechar tus cualidades ni tu talento. Es la vieja historia de siempre en que un empleado paga los fallos del sistema. La empresa nunca va a admitir que su sistema es erróneo, es mucho más fácil echar la culpa a los trabajadores.

Respuesta: En esa época la empresa estaba sufriendo grandes pérdidas debido a una mala gestión y al impacto de la crisis general. Se tomaron varias medidas radicales promovidas por los directivos y, como resultado de las mismas, se rescindió el contrato a todos los supervisores y parte de los profesionales. Lamentablemente, el criterio para despedir a los empleados no fue el esfuerzo individual, sino el tiempo que llevábamos trabajando allí y la naturaleza del trabajo. Yo era uno de los contratados más recientemente y por esa razón se eliminó mi puesto.

7. ¿Qué áreas o aspectos de su actual/anterior trabajo le gustan más?

Cuando contestes a esta pregunta, menciona algunos aspectos del trabajo para el que te presentas. Así sabrán las cosas que te gustan de tu nuevo trabajo (en caso de que resultes elegido).

Respuesta: Me gustan varios aspectos de mi actual ocupación. Se trata de un trabajo dinámico que requiere un gran desgaste de energía, una gran capacidad para tomar decisiones y para comunicarse con otras personas. Me gusta el contacto con la gente y trabajar en equipo junto a otros profesionales. Me ha ayudado a mejorar mis conocimientos *(prácticos, teóricos, sobre gestión de empresas)* y me ha preparado para mi trayectoria profesional en el futuro.

8.   ¿Ha cambiado en algo su trabajo desde que empezó a desempeñarlo?

Ningún trabajo es estático, lo más normal es que se modifique con el paso del tiempo. Aquí tienes que resaltar los cambios positivos que ha tenido tu trabajo, especialmente si éstos se produjeron gracias a ti y fuiste tú quien los sacó adelante.

Respuesta: Desde que empecé a trabajar en ese puesto estuve aprendiendo cosas nuevas de forma constante. Puse todas mis fuerzas e invertí todo mi tiempo en el trabajo. Cuando logré dominarlo, las tareas se fueron convirtiendo gradualmente en algo más complejo que requería una mayor atención. Me vi envuelto en varias actividades adicionales y, en definitiva, cambió la naturaleza del puesto de trabajo. Se me dio más autoridad y responsabilidad en _____. De esta forma, pude ampliar mi experiencia y poner al día mis conocimientos.

9.   Tal y como se refleja en su currículum montó un pequeño negocio hace un par de años. ¿Qué conclusión sacó de esa experiencia?

Esta pregunta está pensada para aquellos que pusieron en marcha un negocio pero que, debido a varios problemas, volvieron a la seguridad de un puesto fijo. Esta pregunta puede provocar amargura y resignación, pero tú no dejes que esto ocurra. Enfatiza los aspectos positivos y todas las cosas útiles que aprendiste sobre la gestión de una empresa, como, por ejemplo, los conocimientos de contabilidad adquiridos o cómo hacer que el cliente esté satisfecho.

Respuesta: La experiencia que gané mientras llevaba mi propia empresa fue de gran valor para mi trayectoria laboral posterior. Adquirí valiosos conocimientos sobre varios temas como contabilidad, impuestos, balance de ganancias y pérdidas, logística, negociación y planificación. También aprendí más cosas sobre la gente, sobre cómo relacionarme con los clientes y con los vendedores, cómo hacer que cooperen y que se sientan felices y satisfechos con mis productos.

10. ¿Qué conocimientos y experiencia ganados en su actual posición pueden ser útiles en este trabajo?

No olvides que los entrevistadores tratan de predecir el comportamiento y los logros futuros tomando como punto de referencia el pasado. Parten del hecho de que todo lo que hayas realizado anteriormente es posible que se repita en el futuro, en lo referente tanto a los puntos positivos y a los logros como a los fallos y a los errores. Esta pregunta va en esa línea. Para contestarla, es preciso que conozcas muy bien el puesto al que te presentas. De esta forma podrás utilizar tus conocimientos y resaltar tu capacidad para realizar las tareas principales que exige el puesto.

11. ¿A qué se deben estos espacios en blanco en su historial profesional?

La respuesta dependerá de tu situación particular. El entrevistador quiere que le cuentes las razones por las que tuvieron lugar esos tiempos en blanco, tales como bajas por maternidad, enfermedad o discapacidad prolongada, imposibilidad de encontrar un trabajo, períodos en que preferiste quedarte en casa cuidando de tu familia, etc. Sean cuales sean las razones, insiste en la importancia de tu incorporación inmediata al trabajo y en los resultados tan satisfactorios que alcanzarás. Las explicaciones sobre este tema tienen que ser concisas. No te vayas por las ramas, no intentes evitar la contestación ni eches la culpa a otros. Es muy raro encontrar un historial impecable: todos somos humanos y todos cometemos errores.

12. Ha cambiado de trabajo muchas veces en estos años pasados. ¿Por qué?

Aunque sea cierto, no respondas cosas como que a los dos años de hacer lo mismo terminas por aburrirte y decides buscar otra ocupación o que tenías algunas deudas que te obligaban a buscar trabajos mejor remunerados.

Respuesta: He cambiado de trabajo de acuerdo con mis planes profesionales. Lo hice para adquirir una mayor experiencia en varios temas relacionados con _____ *(la dirección de empresas, la medicina, la gestión de recursos humanos)* y porque quería ampliar mis horizontes. Supe reconocer las oportunidades y aprovecharlas.

13. ¿Recomendaría su trabajo actual a otras personas?

Otra pregunta pensada para pillarte. Di sólo cosas buenas de tu trabajo actual o anterior. La idea que tienes que comunicar es que es/era un lugar maravilloso (aunque no está/estaba hecho para ti).

Respuesta: Sólo puedo decir cosas buenas sobre mi actual empresa. Siempre me han tratado con respeto y se me ha dado la oportunidad de participar en varias actividades, alcanzando tanto mis metas profesionales como los objetivos de la empresa.

Debido a _____ *(la crisis del sector, la falta de fondos o de nuevas contrataciones, los planes de reestructuración de la empresa, las limitadas oportunidades de ascenso)* decidí explorar otras oportunidades laborales. De todas formas, ese puesto de trabajo es ideal para cualquier otra persona con menos experiencia.

14. **¿Cuál es, en su opinión, el mayor logro alcanzado en su carrera?**

La respuesta deberá ajustarse a tu experiencia laboral. Aunque se hace referencia a una única contribución importante, puedes mencionar más de una, especialmente si se trata de aspectos relevantes para la empresa que te está entrevistando.

15. **He oído comentar que su actual empresa ha mantenido siempre unas malas relaciones con los sindicatos y que allí se trata bastante mal a los empleados. ¿Es esto cierto?**

Otra pregunta con doble intención. Nunca comentes los rumores sobre tu anterior trabajo ni reveles secretos internos o información confidencial. Tienes que proyectar una imagen de empleado en el que se puede confiar, que sabe guardar secretos y que se muestra leal a su empresa. Si hablas mal de tu actual empleo, el entrevistador pensará que, con el paso del tiempo, sucederá lo mismo con ellos.

Respuesta: No estoy seguro del todo. No he oído nunca nada semejante. Lo más importante es concentrarme en las tareas y dar lo mejor de mí en el trabajo. Pienso que en un ambiente productivo en que las cosas se comunican abiertamente no hay espacio para los rumores.

IDONEIDAD PARA EL EMPLEO

1. **¿Por qué quiere trabajar en esta empresa?**

Esta es probablemente la pregunta más importante de una entrevista para cualquier tipo de trabajo. Te la van a preguntar con seguridad, así que mejor será que te prepares bien la contestación. Invierte todo el tiempo que necesites para ensayar su contestación, todos tus esfuerzos se verán recompensados. La cuestión siguiente es muy parecida, deberás contestarla de forma similar.

2. ¿Por qué solicitó este trabajo?

Respuesta: En primer lugar, estoy bien cualificado/a para desempeñarlo y me considero capaz de contribuir significativamente al desarrollo de su empresa. Este puesto requiere mis conocimientos y mis aptitudes y encaja muy bien en mis planes profesionales. Además, ofrece muchas oportunidades de ascenso. Por último, aunque no menos importante, el prestigio de la firma fue un factor significativo que influyó en mi decisión de solicitar el puesto vacante.

3. ¿De qué forma nos beneficiaríamos en caso de contratarle?

Esta pregunta es la que suele seguir a las dos anteriores. Incluso si no se plantea, es una idea latente en toda la entrevista. En consecuencia, digas lo que digas, tendrás que contestarla, de una forma u otra. Es una oportunidad muy buena para resaltar tus puntos fuertes, tus aptitudes y tus habilidades y para hablar en términos de beneficios. Ponte en el lugar de los entrevistadores y cuéntales todo lo que puedes hacer por ellos.

4. ¿Qué sabe de nuestra empresa?

Una buena oportunidad para sacar a relucir tu conocimiento y mostrarles todo lo que sabes sobre su empresa. Empieza explicando la misión principal de la empresa, las delegaciones con las que cuenta, los productos, los nombres de personas importantes, etc. Haz referencia a los planes y acciones actuales, tales como expansiones, inversiones, y termina con los planes para el futuro, los objetivos a largo plazo y tu opinión sobre el porvenir de la empresa (tiene que ser un futuro rosa). Proyecta siempre entusiasmo y sincero interés. No critiques ni hables de nadie, ni expongas quejas de ningún tipo.

5. ¿Tiene amigos o familiares que trabajen en esta empresa?

Si es así, dilo, porque pueden comprobarlo fácilmente. Es mejor decir la verdad. En algunos casos te resultará de ayuda tener algún familiar que cuente con una buena reputación.

Respuesta: Un buen amigo mío trabaja en sus oficinas de Valencia, pero no conozco a nadie aquí, en Madrid.

6. ¿Cómo supo que había esta vacante?

Si fue por un anuncio, lo más probable es que no te hagan esta pregunta. Pero si no, diles la verdad: te lo comentó un amigo, mandaste el currículum sin saber que había una plaza libre, o sea cual fuese el caso.

Respuesta: Desde hace algún tiempo estaba interesado en trabajar en su empresa, conozco sus planes de expansión y crecimiento y por eso imaginé que saldría este puesto de trabajo. Posteriormente, me decidí a ofrecerles mis servicios.

7. ¿Confía en su capacidad para ocupar este puesto?

Respuesta: Tengo gran confianza en mis aptitudes. Aprendo rápidamente y no tardaré mucho tiempo en alcanzar resultados positivos. Siempre es difícil comenzar en un nuevo trabajo, pero estoy dispuesto a convertirme en una persona productiva lo antes posible. Ya conozco los requerimientos del puesto, así que una vez que me familiarice con el lugar de trabajo y establezca relaciones con otros miembros del equipo tendremos a punto todos los ingredientes para conseguir el éxito.

8. ¿Qué puntos fuertes y qué cualificaciones cree que le servirán para este trabajo?

Similar a la pregunta anterior. En este caso debes insistir en tus capacidades y en tus puntos fuertes.

9. ¿Cree que afectará en algo su falta de experiencia?

Tendrás que compensar la falta de experiencia con tus conocimientos en otras áreas y con aquellas aptitudes que se puedan aplicar a tu nueva actividad.

Respuesta: No tengo una experiencia de muchos años en este trabajo, pero mis conocimientos y mi capacidad para aprender rápidamente, así como mi disposición para trabajar duramente, me capacitarán para producir resultados inmediatos. Puedo llegar a hacer muchas cosas en este puesto, con la ayuda de algún tipo de formación profesional y mi deseo de aprender y de mejorar.

10. Considerando su cualificación, ¿piensa que este puesto se le queda corto?

Temen que te vayas en cuanto encuentres una oportunidad mejor. Tienes que asegurarles que no ocurrirá así, y para ello deberás expresar las siguientes ideas: siempre hay algo nuevo que aprender en cualquier trabajo, estás especialmente interesado en éste y querrías quedarte todo el tiempo posible mientras seas capaz de contribuir al éxito de la empresa.

Cabe la posibilidad de que te estén sugiriendo educadamente que eres demasiado mayor para el trabajo o que no pueden pagarte tanto dinero como ganabas antes.

Respuesta: En cada trabajo se aprenden cosas nuevas. De todas formas, mi experiencia en trabajos similares me capacita para realizar las tareas rápidamente con confianza, invirtiendo el mínimo período de formación y bajo la mínima supervisión. Como la empresa no tendrá que formarme en ningún sentido, la inversión en mi trabajo obtendrá resultados inmediatos. Y esta empresa, que es conocida porque suele dar grandes oportunidades a la gente con talento y con la formación apropiada, se beneficiará bastante de mis conocimientos.

11. ¿Estaría de acuerdo con establecer un período de prueba de tres meses?

En algunos trabajos, independientemente de la capacidad del trabajador, es obligatorio permanecer en período de prueba de tres a seis meses. Pero si se trata de un trabajo en que no es imprescindible, esta pregunta quiere decir que el entrevistador no está totalmente convencido de que seas la persona ideal, así que tienes que conseguir que esté seguro de ti.

Respuesta: No tendría ningún problema en aceptar un período de prueba. Aprendo rápido y no me llevará mucho tiempo probar mi capacidad para asumir todas las responsabilidades.

12. ¿Está dispuesto a aceptar un contrato en prácticas?

Si lo estás, dilo. Si no, explícales por qué razón. Algunos empresarios no comprenden que una persona con talento y experiencia esté dispuesta a empezar desde los niveles más bajos porque tardará mucho más en alcanzar la cima. Algunas empresas intentarán contratarte por menos dinero y, para ello, te obligarán a empezar desde cero. La justificación más frecuente para aceptar estas condiciones es la falta de experiencia básica. Pero ten cuidado al responder a esta pregunta.

Respuesta: Sí, mi experiencia en esta área concreta no es muy amplia, por eso agradecería la oportunidad de aprender y adquirir una buena base. Puedo echar mano de gran parte de mis conocimientos. Así, no tardaré mucho tiempo en aprender perfectamente mi trabajo para asumir mayores responsabilidades.

O bien:

Cuento con bastantes años de experiencia, así que todo lo que necesito aprender son algunos detalles específicos sobre la metodología que utilizan, lo que no me llevará mucho tiempo. Me siento perfectamente capaz de realizar de forma eficaz y sin supervisión ninguna todas las tareas requeridas. Soy una persona con una gran motivación hacia el trabajo y puedo aportar madurez y responsabilidad al mismo. Además, cuento con la posibilidad de optar en el futuro a un puesto de mayor responsabilidad.

13. ¿Qué conocimientos y qué aptitudes cree que suponen una ventaja suya frente a otros candidatos a este mismo puesto?

Una pregunta ridícula pero que, lamentablemente, se suele plantear con frecuencia. ¿De qué forma vas a saber tú cómo son tus contrincantes? Lo mejor que puedes hacer es decirle que desconoces sus aptitudes. Después repite tus cualidades al entrevistador y lo que podrías hacer por la empresa en caso de ser seleccionado.

14. ¿Está buscando un trabajo temporal o permanente?

Esta pregunta no es muy frecuente, porque ya antes de la entrevista tanto tú como el entrevistador deberíais saber a qué tipo de puesto te presentas. Esta pregunta se planteará en caso de que te presentes en una empresa sin haber contestado a ningún anuncio.

Respuesta: Busco un trabajo permanente, pero si tuvieran algún puesto temporal, no tendría objeción en aceptarlo si encajara en mi especialidad.

15. Este trabajo requiere bastantes viajes. ¿Constituye esto un problema para usted?

Considérate afortunado. Es posible que no quieras, pero es una oportunidad para viajar gratis y conocer gente y sitios nuevos.

Respuesta: Siempre me ha gustado viajar. Ésta es una de las razones por las que escogí este trabajo. He viajado mucho, debido a la naturaleza de mi ocupación. Agradecería la oportunidad de establecer contactos de trabajo en las distintas zonas del país.

16. ¿Tiene alguna pregunta que hacer sobre la empresa o sobre el puesto vacante?

Ésta suele ser la última pregunta de una entrevista. Ahora tienes la oportunidad de enterarte de algunos detalles sobre el trabajo y tus futuros compañeros.

En las páginas 192-193 aparecen algunas de las preguntas que conviene que tengas en cuenta, pero puedes preguntar todo lo que quieras. Asegúrate de que las cuestiones que plantees te hagan ganar puntos. No preguntes nada que no tengas claro o que pueda hacerte parecer despistado, desinformado, inocente, creído, egoísta o falto de sensibilidad.

17. En caso de comenzar en este trabajo, ¿qué cosas haría en primer lugar?

Respuesta: Mi primera tarea consistiría en establecer unas relaciones productivas y profesionales con mis compañeros. Otro paso de gran importancia es aprender la normativa de la empresa, así como familiarizarme con todos los requerimientos propios del puesto de trabajo. Estas tareas iniciales me prepararán para satisfacer todas las demandas y producir resultados en un breve período de tiempo.

18. Éste es el organigrama de nuestro departamento. ¿Se considera capaz de trabajar dentro de esta estructura?

Respuesta: El organigrama me parece correcto. Estoy seguro/a de que encajaré perfectamente. La estructura de la dirección está bien fundamentada y seguro que funciona perfectamente. El esquema, en general, parece bastante organizado, debe resultar muy eficaz.

19. En nuestro departamento hay algunos fumadores. ¿A usted, como no fumador, le causará alguna molestia?

Respuesta: No, no me importa que en el edificio haya fumadores, siempre que no estén en la zona donde yo trabajo. Si la gente quiere fumar, es su problema. Sólo sería una cuestión digna de considerar en caso de que esta circunstancia afectara a mi trabajo y a mi productividad.

20. ¿Tiene alguna duda sobre el puesto o la empresa?

Una buena oportunidad para plantear algunas cuestiones. No preguntes nada relacionado con dinero o beneficios. Deja que el entrevistador saque a relucir esta cuestión. Concéntrate en el puesto, en la gente que lo ocupaba anteriormente, en las oportunidades de ascenso, en la formación y el aprendizaje. También puedes informarte sobre los planes y los objetivos de la empresa. Si no tienes preguntas que hacer, contesta lo siguiente:

Respuesta: Tenía muchas preguntas que hacer pero ya me ha informado usted durante nuestra conversación. Ahora dispongo de una visión muy detallada del puesto y de la empresa y creo que encajo perfectamente en su organización.

21. ¿Dispone usted de las herramientas y del equipo que se necesita para este trabajo?

Respuesta: He invertido alguna cantidad en el equipo necesario para desempeñar este trabajo de la manera más apropiada.

(Pon algunos ejemplos y, si es necesario, no olvides mencionar los libros técnicos que tienes).

O bien:

Mi anterior empresa me facilitó el equipo y las herramientas necesarias. De todas formas, si el puesto lo requiere, compraré las mías propias.

22. ¿Cuándo estaría dispuesto a comenzar?

Respuesta: Tengo que notificar el cese en mi trabajo actual con quince días de antelación. Si le parece bien, me podría incorporar una vez terminado ese período de tiempo. Preferiría hacerlo rápidamente para poder conocer a mis compañeros y poner a prueba mis aptitudes lo antes posible.

INTERESES EXTERNOS

> *Lo que hacemos durante las horas laborales determina lo que poseemos; lo que hacemos en nuestro tiempo libre determina lo que somos.*
>
> GEORGE EASTMAN, fundador de Kodak

1. ¿Cuáles son sus hobbies, intereses y actividades favoritas para el tiempo libre?

Esta pregunta requiere una respuesta equilibrada. Un poco de esto y un poco de aquello. Si el entrevistador parece una persona deportiva, resalta tus actividades fuera de casa y tus aficiones deportivas.

Los hobbies pasivos (como leer, escuchar música, ajedrez) están peor vistos que los activos, pero ayudarán a proyectar una imagen que encaja mejor en puestos de trabajo de tipo intelectual, como son los que se encuadran en el ámbito educativo, de la investigación o científicos.

2. ¿Le gusta ver los deportes por televisión o prefiere participar de forma activa en ellos?

La participación activa en los deportes es un aspecto favorable ya que indica que te gusta jugar en equipo y que sabes cómo observar las reglas y trabajar para un objetivo común. Si dices que prefieres ver los deportes por televisión corres el riesgo de que piensen que te pasas la vida sentado en el sofá.

Respuesta: No me importa ver los deportes de vez en cuando por televisión pero prefiero la participación activa, especialmente en deportes de equipo. Me ayuda a mantenerme en forma, a sentirme bien. También es una manera de relacionarme con los demás.

3. ¿Prefiere deportes en equipo o individuales?

Si el puesto para el que te presentas exige trabajar en equipo (tal y como ocurre en la mayoría de los trabajos), contesta que prefieres deportes de equipo. Si se trata de un trabajo para «lobos solitarios» (como astrónomo, escritor) la individualidad será un punto a tu favor.

Respuesta: Ambos tienen sus puntos positivos. Tenemos, por una parte, el trabajo en equipo y el espíritu de equipo y, por otra, la fuerza individual y la independencia. Para mí, el aspecto más importante del deporte es que te enseña a trabajar duro para alcanzar los objetivos. Prefiero la participación activa en el deporte, ya que, además de mantenerme en forma, me ayuda a mejorar mi relación con los demás, a desarrollar mi espíritu de equipo y mi capacidad para trabajar con los otros y alcanzar un objetivo común.

4. ¿Cuál es su deporte favorito?

La respuesta deberá ser similar a la de la pregunta anterior. No menciones ningún deporte destructivo como el boxeo o la lucha libre, a no ser que te presentes a un puesto como portero de discoteca, vigilante jurado o guardaespaldas.

5. ¿Qué periódicos y revistas lee de forma regular?

Lo más seguro es hablar de revistas profesionales. Intenta decir que lees normalmente «Penthouse» y observarás cómo se desvanece cualquier tipo de interés por contratarte.

Respuesta: Normalmente leo revistas profesionales como *Architectural Review* y *Diseño Interior*, a las que estoy suscrito. Mi mujer está suscrita a *International Business Week*, que también encuentro bastante interesante.

6. ¿Está suscrito a alguna de esas publicaciones?

Respuesta: Estoy suscrito a la revista *Business Review Weekly*, que incluye información sobre temas relacionados con el mundo de la empresa y de los negocios, y sobre nuevas tendencias y noticias.

7. **¿Qué secciones del periódico o de una revista le resultan más interesantes?**

Sería un gran error contestar que las páginas deportivas o los cómics, aunque en realidad hay muchos profesionales que sólo leen los deportes. Lo mejor es contestar que la sección de negocios y, en general, todo aquello que te ayude a proyectar una imagen de persona sistemática, informada y creativa. También es conveniente hacer referencia a las noticias de actualidad, tanto locales como nacionales o internacionales.

8. **¿Cuáles son sus programas favoritos de televisión?**

Esta pregunta está planteada con doble intención. Evita contestaciones como «me gustan los culebrones». Apuesta por la programación de tipo científico como los documentales o los informativos.

Respuesta: No dispongo de mucho tiempo para ver la televisión y además no es una de mis actividades favoritas, pero hay algunas emisiones que me gustan, como, por ejemplo, las noticias y los programas científicos o los que tratan sobre el mundo de los negocios.

9. **¿En su vida social se relaciona con colegas o con compañeros de trabajo?**

Contesta que no diferencias a la gente. Tus amigos provienen de todos los ámbitos de tu vida. Algunos son viejos compañeros de escuela, otros son colegas o conocidos del trabajo. Esto hace que proyectes una imagen equilibrada en tu vida y en tus relaciones personales.

Respuesta: Algunos de mis amigos son compañeros de trabajo. Compartimos los mismos intereses y un estilo de vida similar. Nos sentimos unidos, probablemente debido a nuestras buenas relaciones en el trabajo. Tengo muchos otros amigos y conocidos, viejos amigos de la escuela y de la universidad, vecinos y demás.

10. **¿Prefiere las actividades en casa, con la familia o fuera de casa?**

De nuevo hay que presentar una imagen equilibrada. Como trabajas duro muchas horas, no dispones de mucho tiempo de ocio. Por esta razón aprovechas cada minuto libre para estar con tu familia dentro y fuera de casa.

Respuesta: Intento compaginar ambos tipos, si es posible. Durante el verano solemos pasar la mayor parte de nuestro tiempo fuera de casa, en la piscina, en el campo o practicando algún deporte. En invierno, debido al mal tiempo, estamos más tiempo en casa o en casa de los amigos.

11. ¿Qué tipo de libros prefiere leer? Nombre algunos de sus favoritos.

No menciones este libro u otro cualquiera relacionado con la búsqueda de empleo, ni tampoco libros sobre autoayuda. Haz referencia a una lectura que no sea ni demasiado fuerte y escandaloso, ni demasiado intelectual, más bien un término medio.

12. ¿Bebe alcohol en casa o en acontecimientos sociales?

Nunca admitas que bebes más de la cantidad normal, es decir, un vaso de vino de vez en cuando o unas cervezas con los amigos. Y otra cosa que debes tener en cuenta es no beber nunca antes de la entrevista. Algunas personas se toman algo antes para infundirse valor. No lo hagas. Tómate una infusión relajante (si eres una persona nerviosa). Nunca admitas que bebes en solitario, crea una mala imagen de conducta antisocial. Además, muchos borrachos beben en solitario.

Respuesta: Puedo beber de vez en cuando, con los amigos o con conocidos del trabajo, pero no suelo hacerlo a menudo.

HISTORIA SALARIAL Y REQUISITOS

Todas las preguntas que se incluyen aquí tienen idéntico propósito: ayudarte a establecer el salario a percibir y proporcionarte consejos como, por ejemplo, cuál es la oferta más baja que debes estar dispuesto a aceptar. El salario que se fije al principio será extremadamente importante, ya que los aumentos se negocian siempre en porcentajes, y si empiezas cobrando poco, es muy difícil que logres un aumento decente (¡hablando en términos absolutos!).

Tu historia salarial podrá ser utilizada como indicador de tu progreso. Los niveles salariales en el pasado no deberían parecerse a tu futuro salario. Cada trabajo es distinto y la remuneración que conlleva debería ser diferente. En consecuencia, si informas a los entrevistadores sobre el salario que percibías en el pasado o sobre el actual, automáticamente estás estableciendo un tope mínimo a su oferta salarial.

Si tienes que decirles la cifra exacta, considera lo que ganas, suma todos los posibles beneficios que percibes y añade el 5 o el 10 por

100. Es decir, exagera un poco las ganancias actuales porque, aunque ellos intenten conocer por otros medios tu salario, tu empresa no se lo va a decir. ¡De algo tenía que servir tanto secretismo en el tema de los pagos!

1. ¿Puede resumirme su historial salarial?
Si puedes no especifiques cantidades. Haz referencia a otros beneficios como la satisfacción laboral, el crecimiento personal y la formación o los logros alcanzados.
Respuesta: Me encantaría poder decir las cifras y las fechas exactas pero, como he recibido aumentos de forma regular, no me acuerdo en este momento. Para mí no es tan importante el aspecto monetario como la oportunidad de aprender y realizar un trabajo. Mi historia profesional refleja un continuo crecimiento salarial.

2. ¿Alguna vez le negaron un aumento de sueldo?
Respuesta: Mi rendimiento en el trabajo siempre ha sido satisfactorio, nunca he tenido que solicitar aumento de sueldo. Las revisiones salariales que he tenido han consistido siempre en un aumento acorde con mis contribuciones a la buena marcha de la empresa. Nunca me congelaron el sueldo debido a un bajo rendimiento.

3. ¿Qué salario percibe actualmente?
Ten en cuenta hasta el último euro. Haz referencia a la cantidad más alta que puedas. Cuanto menos dinero digas que ganas, menos te ofrecerán.
Respuesta: Contando la paga por nocturnidad, horas extras, retribuciones voluntarias, pagas extras y el coche de la empresa, mi salario ronda los 40.000 euros brutos al año.

4. ¿Cuánto le gustaría ganar dentro de cinco o diez años?
Respuesta: Soy una persona que intenta obtener los mejores resultados y contribuir a los beneficios de la empresa. Por esa razón, espero que la remuneración obtenida refleje mis esfuerzos y se parezca a la que se paga en otras empresas en un puesto similar.

5. En su opinión, ¿qué salario merece ganar?
Respuesta: Lo que merecemos viene en función de nuestra contribución al desarrollo de la empresa. Yo parto de la base de que hay que dar siempre lo mejor de uno mismo y obtener los mejores resul-

tados. En consecuencia, espero avanzar de acuerdo con mi esfuerzo y con los logros alcanzados. Estoy seguro de que una empresa seria sabrá reconocer un trabajo bien hecho y actuar con honestidad a la hora de poner precio a mi labor.

6. ¿Piensa que la gente que realiza su mismo trabajo está bien pagada?

Cuidado con esta pregunta. Estás pisando suelo resbaladizo. A algunas personas se les paga muy poco. Si eres una de ellas nunca lo confieses, no muestres rabia ni frustración. No ganarás nada diciéndolo (es muy difícil que cambien el sistema salarial solamente por ti) y, si lo haces, tienes mucho que perder.

Respuesta: Pienso que, independientemente de lo que la gente gane, siempre querrá ganar más. Es natural. De todas formas la contestación a esta pregunta es bastante compleja. Hay que tener en cuenta factores tales como la consideración social que merezca una ocupación determinada, la educación, la oferta y la demanda, la contribución a la sociedad en general y, sobre todo, la competencia y la integridad del trabajador. El aspecto más importante es la contribución del empleado y la calidad de su aportación. La recompensa viene de forma automática.

7. ¿Si entrara a formar parte de nuestra empresa, estaría interesado en acogerse a nuestros planes de pensiones?

Lo que contestes deberá reflejar tu filosofía del trabajo: ahora no piensas en la jubilación, sino en cómo contribuir al bienestar de la empresa que te está entrevistando.

Respuesta: Después de considerar cuidadosamente la estructura del plan de pensiones y su competitividad en el mercado financiero, estaré encantado de acogerme a dicho plan siempre que produzca unos beneficios considerables en relación con las cantidades invertidas.

8. ¿Dispone de algún ingreso adicional?

Esto a ellos no les importa. Si quieres actuar con honestidad, adelante, pero te arriesgas a que te ofrezcan un sueldo inferior. No olvides que la empresa siempre tiende a esperar resultados milagrosos por el precio más bajo posible. Con esta pregunta están intentando ahorrarse dinero. Yo soy de la opinión de que es mejor no decir nada.

Respuesta: Ocasionalmente trabajo como _____ *(cuidadora de niños, profesor, etc.)*, por las tardes y algunos fines de semana trabajo como _____ *(camarero, jardinero, fontanero, etc.)*, pero no tengo obligaciones regulares que afecten a mi trabajo. Se trata únicamente de ciertos ingresos extra que me ayudan a reunir algunos ahorros.

O bien:

No, no tengo ningún ingreso extra. *(Esta respuesta es mucho mejor.)*

9. ¿Qué cantidad estaría usted dispuesto/a a rebajar en caso de que sus expectativas salariales fueran mayores que los ingresos que podemos ofrecer nosotros?

Esta inteligente pregunta requiere una respuesta inteligente. El mensaje subliminal consistirá en que no estás dispuesto/a a rebajar tus expectativas, pero la respuesta real será la siguiente:

Respuesta: El salario es uno de los elementos de una oferta de trabajo en su conjunto. Si las condiciones laborales, las perspectivas de futuro y las oportunidades de ascender son favorables, entonces consideraría una cifra ligeramente por debajo de lo que espero obtener. Pero no puedo ganar menos dinero de lo que gano actualmente. Mi historia salarial refleja un aumento constante como consecuencia directa de mis buenos resultados y pretendo continuar así.

10. Para ser sinceros, tenemos que elegir entre usted y otro candidato. Pensamos que ambos son bastante apropiados para el trabajo, pero la decisión dependerá del salario que ambos estén dispuestos a percibir. ¿Cuál es el salario más bajo que puede aceptar?

Cuidado con esta pregunta. El entrevistador que utiliza esta táctica es bastante astuto. Está intentando intimidarte al enfrentarte a los otros candidatos. Seguro que a los demás les ha dicho lo mismo.

Respuesta: Tal y como refleja mi historia laboral, he asumido de forma progresiva mayores responsabilidades, mi rendimiento ha mejorado paulatinamente y mis sucesivas nóminas reflejan esa tendencia. Si consideramos mi cualificación y experiencia, y tenemos en cuenta la complejidad y la importancia de este puesto de trabajo, así como todo lo que puedo contribuir al mismo, la mínima cantidad a percibir es _____ *(la mínima cantidad que aceptarías y tanto como creas que la empresa estaría dispuesta a pagarte).*

TUS PREGUNTAS AL ENTREVISTADOR

Es mejor saber alguna de las preguntas que conocer todas las respuestas.

JAMES THURBER

Sobre la empresa y sus departamentos

- ¿Cuáles son los planes de la empresa para el futuro?
- ¿Qué nuevos productos introducirá próximamente en el mercado?
- ¿En qué se diferencia de la competencia?
- ¿Se está planificando la construcción de nuevas fábricas y nuevos desarrollos?
- ¿Está considerando posibles adquisiciones?
- ¿Piensan recortar la mano de obra en un futuro inmediato?
- ¿Cómo está organizado el departamento?
- ¿Qué opinan de este departamento los directivos y las otras secciones?
- ¿Cuáles son las funciones y las responsabilidades principales del departamento?

Sobre el puesto de trabajo

- ¿Durante cuánto tiempo ha estado vacante?
- ¿Cuántos empleados han ocupado el mismo puesto durante los últimos 5-10 años?
- ¿Por qué lo dejaron?
- ¿Cuáles son las obligaciones más importantes del puesto?
- ¿Cómo han cambiado durante los últimos 5-10 años las obligaciones del puesto y el motivo de su existencia?
- ¿Qué lugar ocupa el puesto dentro de la estructura de la empresa?

Sobre tu supervisor directo, es decir, tu jefe

- ¿De quién depende directamente el puesto?
- ¿De quién depende el supervisor?

✎ ¿Qué formación tiene?

✎ ¿Cuál es su estilo directivo?

Sobre salario y beneficios

✎ ¿La empresa cuenta con una estructura salarial delimitada, o se trata de una estructura flexible?

✎ ¿Cuál es el nivel salarial en que se encuentra este puesto?

✎ ¿Cada cuánto tiempo se revisan los salarios?

✎ ¿Qué factores determinan la cuantía de la revisión salarial?

✎ ¿Hay incentivos?

✎ ¿La empresa facilita algún tipo de seguro?

✎ ¿Hay paga proporcional a los beneficios?

✎ ¿Están considerados los gastos por traslado?

✎ ¿Se ofrece algún plan de jubilación?, ¿con qué cantidad contribuye la empresa?, ¿con qué cantidad contribuye el trabajador?

✎ ¿Hay paga extra?

Sobre las oportunidades de ascenso

✎ ¿Cuántos empleados que ocupaban este mismo puesto han sido ascendidos durante los últimos 5-10 años?

✎ ¿Qué oportunidades hay de llegar a formar parte del cuadro directivo?

✎ ¿Existen programas de formación?, ¿cuáles son sus características?

✎ ¿Qué factores determinan la selección de los empleados para su promoción?

PREGUNTAS ILEGALES

Hace veinte años, las empresas tenían muy pocas obligaciones a la hora de contratar a una persona. Hoy en día las cosas son muy distintas, existe una legislación que afecta al proceso de selección. Hay varios temas prohibidos en una entrevista. Los siguientes datos nunca deberán utilizarse en un proceso de selección y cualquier pregunta realizada con ánimo de informarse sobre estos temas es ilegal:

- ✎ Raza.
- ✎ Religión.
- ✎ Lugar de origen.
- ✎ Estado civil.
- ✎ Sexo.
- ✎ Número de hijos.
- ✎ Afiliaciones y pertenencia a asociación.
- ✎ Incapacidad física o psíquica.

Cualquier pregunta sobre los temas arriba mencionados estará quebrantando la ley. Por eso es necesario reconocer dichas preguntas y escoger algunas de las contestaciones que sugiero más abajo. No es ilegal todo lo que se diga en relación con esos temas, sino toda información que no tenga nada que ver con el funcionamiento normal en el trabajo.

Si te plantean una cuestión de este tipo, tienes cuatro alternativas de respuesta:

1. Responde sinceramente.

En algunos casos es la mejor opción, pero en caso de que la pregunta resulte intimidatoria o demasiado personal te sugiero que utilices otra estrategia. Si ahora son capaces de hacerte estas preguntas, ¿te imaginas cómo puede ser trabajar con ellos?

2. Contéstales lo que quieren oír.

En la mayoría de los casos ésta es la opción más recomendable. Si el entrevistador te hace una pregunta de mal gusto o ilegal tienes el derecho moral de no decir la verdad. En este tipo de preguntas casi siempre es fácil adivinar qué es lo que quieren que contestes.

3. Contraataca con otra pregunta, preferiblemente en tono irónico.

Si te preguntan «¿cuál es tu religión?» puedes responder «¿a qué tipo de secta pertenece esta empresa? Y si te preguntan «¿qué método anticonceptivo utilizas?» puedes responder «¿cuál es el que prefieren los empleados?».

4. Rehúsa la contestación de forma educada.

Si viviéramos en un mundo ideal sería la respuesta ideal. Sin embargo no es muy recomendable en la vida real. Si rehúsas responder reduces las expectativas de conseguir el empleo. Conservar el orgullo y la dignidad es importante, pero tu estómago necesita comer, ¿recuerdas?

7

CERRAR EL TRATO

TÁCTICAS PARA NEGOCIAR EL SALARIO

En una negociación es fácil reconocer quién va a salir ganando: el que haga las pausas más largas.

ROBERT HOLMES à COURT
Sydney Morning Herald, 24 de mayo de 1986

Tus objetivos

En cualquier proceso de negociación, ya sea en la compra de una casa o en la negociación del salario, hay que cumplir dos objetivos principales:

- Hacer cambiar de idea al entrevistador sobre la importancia de *tu* punto de vista.
- Hacer cambiar de idea al entrevistador sobre la importancia de *su* punto de vista.

Tienes que proyectar una imagen de persona que está escogiendo un trabajo, no suplicando un trabajo. El entrevistador siempre se da cuenta de la confianza que tienes en ti mismo, por eso es importante hacerle creer que guardas un as debajo de la manga. Una vez que le convenzas de eso, empezará a valorarte más.

A la hora de negociar asuntos monetarios lo que cuenta no es lo que tú realmente mereces ganar, sino lo que el entrevistador piensa que mereces. La entrevista dura una hora más o menos y en ese tiempo es imposible que el entrevistador llegue a conocerte en profundidad, pero puedes crear una imagen positiva de ti mismo y así tus jefes estarán orgullosos de tenerte en nómina.

La negociación del salario es un juego algo complicado en el que todo vale. Las empresas se marcan faroles con bastante frecuencia; si dicen que lo máximo que te pueden ofrecer son 17.000 euros y que es imposible subir a los 20.000, seguro que pueden pagarte hasta 23.000 o incluso 25.000.

Dinero, beneficios y compensaciones

> *Un buen negociador no pierde de vista ningún detalle. Hay que ser un poco Sherlock Holmes y un poco Sigmund Freud.*
>
> VICTOR KIAM, *Going For It*

Cuidado con las pagas «en especie», llamadas con frecuencia pagas de beneficios. Analízalas y ponles un precio, es decir, fija el precio que tienen para ti, verás que algunas de ellas son de cierto valor, como por ejemplo:

- ✎ Plan de jubilación.
- ✎ Coches de la empresa.
- ✎ Seguro médico.
- ✎ Billetes de avión.
- ✎ Vacaciones pagadas.
- ✎ Gratificaciones.
- ✎ Acciones en bolsa de la empresa.
- ✎ Ayudas a la adquisición de una vivienda.
- ✎ Ausencias permitidas debido a los estudios.
- ✎ Ayudas al alquiler de vivienda.

Sin embargo, algunas de las compensaciones que ofrecen las empresas sólo sirven para atraer a los empleados más inocentes pero no tienen ninguna utilidad desde el punto de vista práctico. Son, por ejemplo:

- ✎ **Cargos que suenan bien.** Son una forma de compensación psicológica que esconde puestos de escasa importancia, pero que hacen que la gente esté tan contenta desempeñando un trabajo

por debajo de su capacidad. ¿Serías capaz de contarle a tu futura novia que eres basurero o ascensorista? Seguro que quedas mucho mejor si dices que trabajas como técnico de medio ambiente o como supervisor de ascensores.

✎ **Promesas.** No valen un duro. Una vez que has entrado en el trabajo, tus jefes olvidarán lo que prometieron. Procura exigir por escrito todo lo que te prometan. Incluso así, ¿qué vas a hacer?, ¿quejarte o iniciar una acción legal arriesgándote a que te despidan?, no lo veo muy probable.

✎ **Oportunidad para desarrollarse.** Una promesa muy frecuente en los anuncios de trabajo cuyo exacto significado sigo sin comprender, ¿desarrollo del salario, desarrollo profesional, desarrollo de la propia frustración, o qué? La mayoría de las veces significa desarrollo de las responsabilidades y aumento de las horas de trabajo sin ningún tipo de recompensa.

Haz la cuenta exacta de lo que te pagan por horas

Una de las tácticas más astutas que utilizan las empresas es la filosofía del «trabaja ahora, que ya te pagaremos más adelante» Cualquier trabajador al que no se le paguen sus horas extras es víctima de este timo porque, aunque aseguren que en el salario percibido se contempla la posibilidad de trabajar horas extras ocasionalmente, lo cierto es que se suele dar la circunstancia descrita a continuación.

Digamos que has empezado a trabajar como ingeniero técnico y, teniendo en cuenta tu experiencia de cinco a siete años, la empresa ha fijado tu salario anual en una cantidad que ronda los 30.000 euros. Se supone que esos 30.000 euros cubren tu trabajo de 40 horas semanales. Pero si viene un período en que hay un mayor volumen de trabajo y las 40 horas se convierten en 55 están pagando tu trabajo a menos precio del que se convino (divide la cantidad anual por las horas de trabajo efectivas). No se ha tenido en cuenta tu experiencia de cinco a siete años en la profesión y te están pagando como a un principiante.

> Nunca pienses en términos anuales. La verdadera medida de tus ganancias viene determinada mediante la paga por horas.

Planes de pensión

Algunas empresas ofrecen un plan de pensión a sus empleados que puede ser de tipo contributivo, es decir, que contribuye con un porcentaje de sus salarios. En cualquier caso, lo único que ofrecen es tiempo: cuanto más tiempo cotices, más beneficios obtendrás. La idea básica es crear unas reservas para cuando llegue la jubilación. Muy bien pensado, pero hay que tener en cuenta otros puntos de vista.

Los fondos para el plan de jubilación reflejan la situación económica de la empresa: a mayores beneficios obtenidos, mayor será el fondo de pensiones. Sólo hay un problema: si la empresa obtiene beneficios este año, ¿por qué tienes que esperar diez o veinte para percibir lo que te corresponde? Es el típico truco basado en la filosofía del «trabaja ahora, que ya te pagaremos más adelante». Además la empresa está utilizando tu dinero durante diez, veinte años o más. En otras palabras, estás prestando tu dinero. Además, Hacienda te retiene dinero en dos ocasiones, una, cuando la empresa deduce un porcentaje de tu mensualidad para pagar la pensión y otra, cuando llega el momento de cobrar esa pensión.

Parece como si todo esto estuviera pensado para que la empresa retenga al trabajador y le impida elegir libremente. Los más perjudicados son la gente más ambiciosa, porque quieren avanzar más rápidamente. Al dejar la empresa, independientemente del tiempo que lleves en ella, puedes estar seguro de que los beneficios serán mucho menores que si hubieras permanecido en la misma hasta la jubilación.

> **Evita las empresas que utilizan la táctica del «trabaja hoy, que ya te pagaremos mañana».**

REFERENCIAS

En caso de resultar el candidato con más probabilidades de ser elegido, después de la entrevista la empresa comprobará tus referencias. Para entonces, están casi seguros de que eres la persona ideal para ocupar el puesto. Éste es el último obstáculo que tendrás que sortear.

Referencias por escrito

Casi todo el mundo pide sus referencias por escrito antes de abandonar una empresa. Algunas especifican únicamente el período trabajado, el cargo ocupado y, a veces, las tareas esenciales. No hablan del rendimiento, la calidad de trabajo, la personalidad, puntos fuertes y débiles o algo por el estilo. Sirven únicamente como evidencia documental de que estuviste trabajando en esa empresa, cuál era la empresa y durante cuánto tiempo permaneciste en ese puesto de trabajo. Por eso los seleccionadores no están muy interesados en este tipo de referencias.

Una referencia por escrito que enumera las cualidades del trabajador, su rendimiento y los logros alcanzados, es mucho más útil para la búsqueda de un nuevo puesto de trabajo. Sin embargo, hay ciertas diferencias. Una carta con membrete de la empresa ofrece más garantías que sin él, ya que se tiende a pensar que las opiniones que contiene no las suscribe un sola persona sino la empresa en general. Quien firma la carta está respaldado por una empresa y no ofrece únicamente su opinión personal.

Algunas empresas no permiten que las referencias se escriban en hojas con membrete. En ese caso, puedes pedir a tu antiguo jefe que especifique este hecho en la carta o bien explicarlo tú mismo.

Las referencias por escrito sólo tienen un fallo que hace disminuir considerablemente su valor y es que ya se sabe perfectamente que unas referencias por escrito siempre van a ser buenas. No he conocido a un solo jefe que escribiera unas malas referencias y que se las entregara a la persona que va a marcharse. Lo peor que puede pasar es que se niegue a escribirlas.

Referencias telefónicas

Los seleccionadores piensan que las referencias que se proporcionan por teléfono son mucho más reveladoras. Al hablar con tu anterior jefe buscan algún tipo de vacilación o de duda por su parte porque saben que a la gente le resulta mucho más difícil elogiar a alguien en persona que por escrito.

El candidato proporcionará el nombre de una persona con la que se haya llevado bien. Sin embargo, es posible que los entrevistadores intenten hablar con otros para obtener una segunda opinión que suele ser menos favorable porque no fue seleccionada por el candidato.

Las tácticas del entrevistador

El entrevistador o cualquier otra persona que compruebe tus referencias realizará las siguientes preguntas (que pueden ser bastante duras, sobre todo si quieren hacer bien su trabajo):

- ✎ ¿Volvería a emplearle sin dudar?
- ✎ El puesto que ofrecemos es muy arriesgado. Necesita a una persona que tenga una aptitud muy fuerte en _____. ¿Piensa realmente que él/ella será capaz de hacerlo?
- ✎ ¿Por qué abandonó el puesto?
- ✎ ¿Qué consiguió el empleado durante el tiempo en que trabajó en su empresa?, ¿cumplía con los requisitos exigidos?
- ✎ ¿Qué planes tenía para el candidato?, ¿si llega a permanecer durante más tiempo hubiera sido promocionado/a o le hubiera despedido?

En resumen, el entrevistador tenderá a investigar profundamente en tus relaciones con la empresa anterior para recoger cuanta más información mejor sobre tu actuación en el pasado.

Cómo conseguir unas buenas referencias

Cuando te despidas de una empresa, hazlo siempre de forma amistosa. Escribe una amable carta de dimisión y elogia a tu jefe por todas las oportunidades que te ofreció y por lo bien que se portó contigo.

Sigue cultivando tu amistad con los antiguos colegas, es posible que los necesites para tu próximo trabajo o el siguiente y el que venga después. Si es posible, visítalos de vez en cuando e interésate por ellos. Manda una felicitación en Navidad y llama por teléfono periódicamente.

Además, no confíes únicamente en una persona como referencia, ya que si deja la empresa hablarán con otros a los que puede que tú no gustes demasiado o no te conozcan bien, quién sabe. Búscate un «sustituto» que esté dispuesto a dar buenas referencias de ti.

PAPELEO

> *Un acuerdo verbal es aquél por el que no merece la pena ni gastar papel.*
>
> Atribuido a SAMUEL GOLDWYN

Contratos de empleo

¿Qué es exactamente un contrato de empleo? Es un acuerdo entre una empresa y un trabajador en que se estipulan, explícita o implícitamente, todas las circunstancias que inciden en el empleo. Sin embargo, esto no siempre ocurre en un contrato. Es posible que en el mismo sólo se especifiquen los aspectos más básicos como el puesto que ocuparás, la cantidad a percibir y la duración del mismo.

Por eso, es conveniente que antes de ocupar un puesto de trabajo pidas una información por escrito de todas las particularidades del trabajo e incluso discutas algunos temas. Una vez hayas aceptado todos los términos no tendrás más remedio que asumirlos. Si puedes negociar algunos puntos a tu favor, hazlo. La empresa sabe respetar a las personas que luchan por mejorar sus condiciones.

Ten en cuenta los siguientes aspectos:

- El cargo y las obligaciones básicas.
- El lugar de trabajo (departamento, localidad, sucursal o semejantes).
- Las horas laborales.
- El salario, incluyendo horas extras, gratificaciones y beneficios de todo tipo.
- El procedimiento que se seguirá para pagar la nómina.
- El nombre y cargo de tu superior inmediato.
- El día en que empiezas a trabajar.
- Nombre, dirección y teléfono de alguien que te pueda suministrar más información, aclarar cualquier cosa o contestar a cualquier pregunta que quieras hacer. Si tienes alguna duda y

no sabes con quién contactar para que te la resuelva, llama a quien te entrevistó.

Descripción del puesto de trabajo

La descripción del puesto de trabajo es una invención burocrática. En una empresa moderna en que la naturaleza de los trabajos cambia constantemente, la descripción es una práctica que pertenece al pasado.

> *En el mejor de los casos, una descripción de un puesto congela dicho puesto en un instante concreto del pasado. En el peor de los casos, está hecha por personas que no saben escribir y que no conocen el trabajo. No sólo son caras y deben revisarse de forma regular, sino que también minan la moral del empleado.*

> ROBERT TOWSEND, *Up the Organisation*

Las descripciones de puestos sirven, en la mayor parte de los casos, como una garantía adicional para la empresa por la que realizarás todos los trabajos que te pidan, siempre y cuando aparezcan allí. Analiza tu trabajo cuidadosamente y cuestiona las tareas más inapropiadas. Si no lo haces corres el peligro de verte metiendo datos en un ordenador o haciendo algo similar en vez de realizar las tareas tan importantes para las que pensaste que te contrataban.

8

TÁCTICAS ADICIONALES

Este capítulo está dedicado a la gente que se encuentra en desventaja en un proceso de selección. Las razones por las que esto ocurre son distintas, cada caso es diferente, pero todas estas personas tienen muchos problemas en común a la hora de buscar un trabajo.

El fenómeno más interesante que se da entre estas personas es que se echan mutuamente la culpa de sus problemas. Los nativos se quejan de que los inmigrantes aceptan menos dinero y les quitan trabajo. Los inmigrantes se quejan de que las empresas los discriminan. Las jóvenes piensan que la culpa de su incapacidad para encontrar trabajo la tienen las mujeres mayores y casadas, mientras que éstas dicen que las empresas favorecen a las jóvenes porque hacen el mismo trabajo por menos dinero. Víctimas contra víctimas.

PARA MINORÍAS E INMIGRANTES

> *La experiencia no es algo que pasa, sino lo que tú haces cuando pasa.*
>
> ALDOUS HUXLEY

El problema

Muchas personas que buscan trabajo sufren discriminación de forma cotidiana. El alto porcentaje de parados entre los inmigrantes y las minorías es un buen indicador de que las viejas costumbres y los prejuicios tardan mucho en desaparecer.

Algunos consultores de recursos humanos reconocen abiertamente que a los inmigrantes africanos o hispanoamericanos no se les hace ni caso, aunque tengan la misma cualificación que un español o que un ciudadano de la Unión Europea. Las empresas seleccionan a aquellas personas en las que puedan confiar. En muchos casos un currículum que empieza con un nombre extranjero es rechazado sin ser leído en su totalidad.

Algunos (o la mayor parte) de los directivos no tienen la tolerancia, la paciencia o la amplitud de mente que requiere el trato con empleados de diferentes nacionalidades o con una educación distinta. Aquello que resulta familiar hace que actuemos con familiaridad. La excusa más corriente para justificar este hecho es que «para este tipo de trabajo es necesario contar con gente del lugar».

Algunos empresarios saben que los inmigrantes tienen una alta cualificación y muchas ganas de trabajar bien y se aprovechan de ellos. Muchos inmigrantes están deseosos de trabajar duro y de conseguir buenos resultados. Si a esto le unes el desconocimiento que suelen tener de la legislación local, de las normas no explícitas existentes en el mundo laboral del nuevo país, así como de los trucos que utilizan las empresas para aprovecharse del trabajador, estas personas están expuestas a la explotación. Además, siempre están dispuestas a aceptar los trabajos que todo el mundo rechaza por menos dinero del habitual.

Antes de que pasemos a explicar las tácticas de la guerrilla que se pueden poner en marcha para solucionar los problemas arriba mencionados, vamos a definir el criterio que nos hace ver a una persona como perteneciente a una minoría. En primer lugar, lo más obvio, la piel y el acento. Después viene la educación, que incluye detalles como la nacionalidad, la edad, escuelas y universidades en que ha tenido lugar su formación, la historia familiar, etc. Estos últimos detalles son menos importantes y son fácilmente superables.

Tácticas de guerrilla

¿Qué se puede hacer para solucionar todo esto? Desgraciadamente es muy difícil cambiar la mentalidad de la gente, así que la única táctica posible es «si no puedes combatirlos, únete a ellos». Parece una frase hecha, pero es el resumen de todos estos puntos:

✎ Traduce todos los documentos, diplomas, certificados y referencias al idioma del país en el que vas a trabajar y compúlsalos.

✎ Prepara el currículum cuidadosamente. Pide a alguien que te ayude si es necesario. Procura que no haya ni una sola errata ni errores gramaticales o de sintaxis.

✎ Mejora tu conocimiento del idioma en cuestión. Cuanto mejor te comuniques en ese idioma, mayores serán tus oportunidades laborales.

✎ Cámbiate de nombre, si es necesario. Esta medida puede parecer exagerada, pero, al menos, hará que tu currículum consiga traspasar el primer cuello de botella en un proceso de selección (en que los seleccionadores descartan a los candidatos extranjeros). A lo mejor me equivoco, pero creo que mi apellido serbio me ha costado más de un par de buenos trabajos en el pasado.

✎ Vístete como lo hace la gente de ese país y compórtate como ellos. Desde el momento en que decidas presentarte a un proceso de selección, olvídate de tus costumbres. Proyecta siempre una imagen de sinceridad, integridad y de trotamundos, hay gente que nunca ha salido de su país y admira a los que viajan mucho.

✎ Estudia el mercado local de trabajo. Intenta ver cómo piensan y cómo trabajan los seleccionadores y los directivos. Analiza varias empresas, su actitud y su filosofía. Lee libros de autoayuda, revistas del mundo de los negocios e intenta prever cuáles serán los empleos con mayor demanda de personal en el futuro. Hazte una carpeta con datos de cada una de las empresas principales del país. Así conocerás su forma de pensar y de contratar a la gente.

PARA LAS MUJERES

El problema

> *Sea cual sea la ocupación de una mujer, ésta debe trabajar dos veces más que un hombre para ser la mitad de buena. Afortunadamente, no es algo muy difícil de conseguir.*
>
> CHARLOTTE VITTON, en M. Rogers,
> *Contradictory Quotations*

La sociedad mundial está sufriendo un cambio radical, sobre todo en cuanto al empleo femenino. Cada vez más mujeres se incorporan al mundo del trabajo y cada vez más mujeres se reincorporan a su anterior puesto, tanto en jornada partida como en jornada completa, una vez que han dado a luz.

Las empresas cambian lentamente sus actitudes y sus prejuicios frente a las mujeres. La política empresarial abre el camino hacia la igualdad de oportunidades y de salarios entre hombres y mujeres. Sin embargo, todavía no se trata a las mujeres igual que a los hombres en cuanto a consideración laboral ni salarios. Generalmente se paga más a los hombres que a las mujeres que realizan el mismo tipo de trabajo.

> **Parte del problema se encuentra en las propias mujeres, que se enfrentan, primero a la búsqueda de trabajo y posteriormente al trabajo, con una actitud bastante tímida y de manera nada agresiva.**

Un estudio reciente en los Estados Unidos, en que se preguntó a 3.347 estudiantes de seis prestigiosas universidades del país, demostró que la media de las mujeres mostraban menos autoestima y tenían menos aspiraciones que sus compañeros masculinos.

La reincorporación al trabajo

Si perteneces al creciente número de mujeres que vuelven a trabajar tras un período en casa, seguro que te encontrarás en desventaja frente a tus competidores en el mismo trabajo. Aunque no tengas una experiencia laboral muy importante, piensa en las aptitudes aprendidas y en las actividades que has realizado fuera de casa, que te puedan servir para presentarte a la selección de determinado puesto de trabajo.

Lo que las empresas temen de las mujeres

✎ Se casarán y dejarán la empresa; se quedarán embarazadas y se despedirán o seguirán a su marido y se marcharán. En cualquier caso se irán pronto y tendremos que invertir tiempo y dinero en contratar a otra persona.

✎ Las mujeres son demasiado emocionales, no son capaces de controlar sus emociones. Se deprimen con facilidad y tienen mal humor. Lloran a la mínima presión o sensación de estrés.

✎ No son capaces de desenvolverse en un mundo de hombres porque es un mundo muy duro y competitivo.

✎ No encajan en equipos masculinos. No comparten los mismos valores. Añadirán un elemento sexual al equipo y estropearán las relaciones de hombre a hombre.

✎ No pueden trabajar tan duro como lo hacen los hombres ni están dedicadas al trabajo como ellos. Creen que la empresa es un sitio donde conocer a su futuro marido.

Si eres mujer, tienes un trabajo adicional que realizar: convencer a los entrevistadores de que su miedo es infundado y que puedes hacer tu trabajo tan bien como lo haría un hombre, o incluso mejor.

PARA LOS QUE ACABAN DE TERMINAR SUS ESTUDIOS

> *Nunca dejé que mis estudios interfirieran en mi educación.*
>
> MARK TWAIN

Errores que cometen los recién licenciados

Aquellos que busquen su primer trabajo en el «mundo real» no deberán olvidar varias cosas. La primera es que nunca más tendrán una oportunidad mejor para controlar su trayectoria profesional. Esto significa que no tienen que hacer lo que suelen hacer los demás, es decir:

✎ Mandan docenas de currículum a cada una de las posibles empresas y suplican una respuesta. Están completamente a merced del mercado de trabajo.

✎ Cuando aceptan un empleo sólo piden resultados inmediatos y se olvidan de sus intereses a largo plazo. Ponen un gran interés en el salario y los beneficios iniciales.

✎ No se promocionan ni se venden correctamente, consiguiendo que algunas empresas los contraten por muy poco dinero. Bajo la excusa de que están adquiriendo experiencia, llegan a trabajar tal y como lo haría un trabajador con experiencia por un precio mucho mayor.

Los jóvenes recién salidos de la universidad son los que tienen mayores expectativas y mayores potenciales y, sin embargo, son los más rechazados por las empresas. Además, cuando son contratados, ocupan una posición muy baja, cobrando menos dinero que un encargado de la limpieza y, en consecuencia, dejan la empresa al año o a los dos años porque aceptan mejores ofertas de trabajo. Sus superiores quedan un poco confusos, pero la verdad es que, por alguna extraña razón, no han sabido considerar al empleado como una inversión de futuro. No forman a estos recién licenciados ni les hacen participar en proyectos que beneficien a ambos, empresa y empleado.

Algunas empresas se dan cuenta de lo costoso que es perder a jóvenes con talento y los explotan al máximo. Este tipo de empresas son las que tú debes buscar y para ello tendrás que empezar a trabajar en la dirección correcta.

Tácticas de la guerrilla

La mayor parte de las empresas buscan en los recién licenciados los logros, no sólo académicos, tales como los premios conseguidos, sino su inclinación hacia el mundo de los negocios, la autodisciplina y las aptitudes de liderazgo. Tienes que convencer al seleccionador de que el éxito académico es el mejor indicador de tus aptitudes y es signo de que podrás hacer por ellos grandes cosas.

Aquí van algunos de los consejos y estrategias que debe tener en cuenta un joven:

- Escoge una empresa antes de que ésta te escoja a ti. Elige tú, no supliques trabajos. Haz una lista de puntos fuertes y débiles sobre tus cualidades y conócete a ti mismo. Piensa en lo que quieres y planifica lo que tienes que hacer para llegar a conseguirlo.
- Nunca dejes de aprender, sé siempre un estudiante, porque el aprendizaje verdadero empieza cuando finalizas tus estudios. Parece raro, pero esto te da una pista sobre la naturaleza del sistema educativo en la actualidad.

✎ Debes creer en el éxito. Adopta una actitud positiva. Confía en ti mismo y en tus habilidades. Aprende todo lo que puedas tan pronto como puedas. El tiempo es un bien muy preciado, sobre todo porque es limitado. Vivimos un número determinado de años, no los malgastes.

✎ Toma el control de tu trayectoria profesional. Nadie va a proteger tus intereses mejor que tú. Aprende rápidamente todo lo que puedas sobre tu trabajo, después sobre los trabajos de tus compañeros y también sobre el trabajo de tu jefe. Hazlo, y te encontrarás sentado en su sillón antes de lo que te imaginas.

✎ Utiliza todas las oportunidades para promocionarte. Muéstrate visible y cuando hayas hecho un buen trabajo, asegúrate de que todo el mundo se entere. Véndete de forma asertiva. Asiste a seminarios, conferencias, ferias, exposiciones, etc.

✎ Guarda siempre un as debajo de la manga. Es mucho mejor caer sobre un colchón. Mantén abiertas tus opciones. No te especialices demasiado. Adopta una aptitud internacional y flexible. Cultiva tus amistades laborales. Si alguna vez pierdes un trabajo por la razón que fuere tendrás más posibilidades de que tus contactos laborales te ofrezcan otro. Estate preparado para aprovechar cualquier oportunidad.

PARA LOS QUE DECIDAN CAMBIAR DE PROFESIÓN

Intenta otra profesión. La que sea.

Un profesor de la *John Murray Anderson Drama School* a Lucille Ball

Los resultados alcanzados por un empleado no son un buen indicador de cómo se siente esta persona al realizar ese trabajo, ni indican cómo ve éste la empresa y los logros alcanzados por la misma. Sólo indican que su talento, su disciplina y duro trabajo han producido unos buenos resultados, pero es posible que sus intereses estén en otra parte.

La mayoría de la gente que cambia de profesión admite que tuvo que pagar un precio para hacerlo. Casi todos se tienen que enfrentar al corte drástico de los ingresos, por lo menos al principio. Algunos nunca llegan a ganar lo mismo que en su primer trabajo pero se sienten mucho más felices porque están haciendo lo que realmente les gusta.

Si estás pensando en cambiar de profesión, tienes que realizar un análisis exhaustivo de ti mismo hasta llegar a conocer tus puntos fuertes y débiles, para comprobar de qué forma encajan en los nuevos objetivos que te has fijado. Hagas lo que hagas, piénsatelo dos veces antes de tomar una decisión importante. No olvides que la hierba vista desde el otro lado de la valla parece más verde.

A LOS PARADOS

Cada día hay más personas en el paro. Miles de trabajos están desapareciendo de la mañana a la noche porque las empresas se enfrentan a una de las peores crisis de la historia. Muchos pierden la batalla y se ven en la calle independientemente de su educación, de su cualificación y del sector en que trabajen. Son obreros, vendedores, ingenieros, directivos. Nadie está a salvo. El miedo y la incertidumbre son algo que forma parte de nuestras vidas.

> Los parados están en desventaja frente a quien trabaja y quiere cambiar de puesto, y esto es debido a las ideas preconcebidas de los empresarios.

Los empresarios tienen la idea generalizada de que la gente que trabaja rendirá mejor. Algunos consultores dicen que el 80 o 90 por 100 de los candidatos elegidos por sus clientes son personas que están trabajando actualmente. El hecho de que alguien lleve un tiempo sin ocupación crea ciertas dudas sobre sus aptitudes.

Una dificultad adicional a la que se suelen enfrentar quienes tienen una cualificación alta es que el seleccionador piense que se van a marchar rápidamente, en cuanto encuentren un trabajo en el que encajen mejor sus aptitudes. Además, muchos directivos se sienten incómodos trabajando con una persona que sepa más que ellos y que sea más inteligente, es decir, que esté infravalorada.

Autoestima

El mayor problema al que se enfrenta una persona desocupada es la constante erosión de su autoestima. No puede evitar el complejo de inferioridad frente a la gente con empleo aunque sepa positivamente que estos últimos tienen unas aptitudes, unos conocimientos y una inteligencia muy inferior a la suya. Cuanto más tiempo pase sin encontrar trabajo, peor se sentirá. Así que lo primero que hay que hacer es subir la moral y la autoestima.

Nunca podrás venderte a ti mismo con la moral por los suelos porque siempre habrá otros candidatos con la confianza y la autoestima suficientes para alcanzar el éxito. Piensa de forma positiva y optimista.

Mi consejo para las personas en paro es muy simple:

> Sé una persona orientada hacia el futuro. No sigas lamentándote del pasado. El pasado no va a conseguirte un trabajo.

Voluntariado

Una de las opciones que tiene el desempleado es el trabajo como voluntario. Si optas por esta salida, lo primero que tienes que hacer es considerar en qué sitios quieres trabajar y ofrecer tus servicios. Si lo consigues, será una buena oportunidad para adquirir nuevos conocimientos y aumentar significativamente tus posibilidades de conseguir un trabajo remunerado.

Además, el trabajo voluntario te ayudará a mantenerte activo y a tener una actitud mental positiva. Te mantendrá en contacto con el mundo laboral, lo que constituye un punto en tu favor para añadir a tu currículum. Si tus competidores son amigos del sofá, que se pasan todo el día sin salir de casa, no se pierden el culebrón del mediodía y esperan a que una empresa les llame si surge algún puesto vacante, tus probabilidades de ganar serán muy altas.

Si eres eficaz en lo que haces, esta situación será temporal. Es probable que te ofrezcan algún tipo de remuneración al principio, como dietas para la comida, el transporte, etc. Si continúas haciendo un buen trabajo, multiplicarás tus oportunidades de conseguir un contrato, estarás a un paso de conseguirlo.

Aquellos que están en el paro e intentan conseguir una entrevista de trabajo no deben olvidar que deben explicar su caso particular al entrevistador. No hay que esconder la verdad ni tapar los hechos. Si tuviste que abandonar la empresa debido a una reestructuración no fue por tu culpa ni tiene nada que ver con tus aptitudes para realizar el trabajo para el que vas a entrevistarte.

PARA LOS QUE ACUDEN A UNA ENTREVISTA MIENTRAS TIENEN OTRO TRABAJO

> *Estés donde estés, haz lo que puedas con lo que puedas.*

> THEODORE ROOSEVELT,
> ex presidente de los Estados Unidos

Las razones

Día a día crece tu sentimiento de insatisfacción. Te pagan menos de lo que te mereces, no te promocionan ni te suben el sueldo, tu jefe no te respeta, tus compañeros te dan puñaladas por la espalda, el trabajo es aburrido, no estás de acuerdo con la política ni con la normativa de la empresa. En resumen: quieres marcharte.

Me entristece ver cómo gente joven, educada, trabajadora y ambiciosa está desocupada o infravalorada en su trabajo, mientras que otros, menos educados y menos productivos, sin aptitudes ni capacidad, ganan un buen sueldo sin contribuir para nada al bien común. Si perteneces al primer grupo, lee lo que queda de este capítulo cuidadosamente.

Las tácticas de la guerrilla para profesionales infravalorados

Si has invertido grandes sumas de dinero y tiempo para conseguir el título y llegar a ser un profesional, tienes que luchar para recuperar tu inversión con intereses de las empresas y de los clientes, por supuesto.

Los abogados y médicos llevan años haciéndolo. Otros profesionales como los ingenieros, arquitectos, o científicos que tienen los mismos derechos están infravalorados y marginados. Mi consejo es el siguiente:

- Ningún sindicato protege tus intereses. En consecuencia, eres tú quien debe proteger lo que has adquirido y adquirir lo que deseas. Normalmente, el fin justifica los medios.
- Practica la cortesía profesional. Haz algo por los demás miembros de tu profesión y por ti mismo. Nunca critiques o hables mal de tus compañeros. Tu colaboración para que se reconozca y aprecie tu profesión reforzará enormemente tu posición.
- Proyecta una imagen de profesionalidad. Deja entrever a la gente (y a los seleccionadores) que tu tiempo es valioso y que tienes unas expectativas muy altas. Muéstrate como una persona seria, no dejes que crean que te tienen fácilmente.
- Aprende todo lo que puedas no sólo sobre tu trabajo, sino también sobre el trabajo de los demás. Esto te ayudará en tus relaciones con ellos, abrirá tus horizontes y te preparará para llegar a la cima.
- Muéstrate visible y véndete. Si tu jefe no sabe reconocer tu talento, intenta que lo hagan sus competidores. Si tu jefe es un obstáculo para subir, cambia de jefe. No pierdas tiempo.
- Hagas lo que hagas, debes creer en ti mismo. Recuerda la frase: «Día tras día tengo que mejorar más y más en todo lo que hago» (Emile Coue, el autor de *Self-Mastery Through Autosuggestion*). El poder de la autosugestión es enorme. Piensa en positivo, piensa a lo grande.
- Planifica para vencer. El único elemento que tienen en común los triunfadores es su fuerte creencia en su propio éxito. Planifican para vencer. Desde ahora estoy seguro de que tú también lo harás.

> **Si tu jefe no sabe reconocer tu talento, seguro que lo harán sus competidores.**

Las limitaciones del tiempo

El tiempo es el mayor problema que tienen las personas ocupadas que, a la vez, buscan trabajo. No es fácil informarse sobre ofertas de empleo y acudir a entrevistas mientras se trabaja de ocho a cinco. Sin embargo, hay algunas formas de superar este obstáculo. Lo primero de todo, prepara las cartas de solicitud, investiga sobre las empresas y mejora tus aptitudes para la entrevista durante los fines de semana. Utiliza la hora de la comida para llamar por teléfono a las empresas.

Si tienes una entrevista tómate el día libre, si puedes. Si no, fija la hora de la entrevista por la tarde o el sábado por la mañana. Muchos directivos y seleccionadores trabajan los sábados y no les importará recibirte ese día. Si la empresa está situada en otra ciudad, tómate dos días libres de vacaciones. Especifica una razón muy sencilla: asuntos personales.

Otra opción consiste en utilizar los días libres por enfermedad. Muchas empresas admiten la baja durante dos días sin certificado médico. Debes tener cuidado de que nadie te vea con aspecto de ir a trabajar cuando se supone que debes estar en la cama.

Sentirse culpable

Es posible que te sientas culpable cuando busques un trabajo mientras trabajas en otro. Lo mismo me sucedía a mí hasta que descubrí que mucha otra gente hacía lo mismo, incluso mi jefe y su jefe. Es práctica común en la sociedad occidental.

Las empresas tienen derecho a despedirte en cualquier momento siempre que puedan justificar su decisión alegando bajo rendimiento o desaparición del puesto de trabajo. Pueden prepararse para esa situación formando a la persona que te sustituirá o transfiriendo tus obligaciones a tus colegas.

Tú tienes los mismos derechos para proteger tu puesto de trabajo y avanzar profesionalmente. También tienes derecho a marcharte cuando quieras y a prepararte para ello mandando currículum a otras empresas y entrevistándote con ellos.

Cierra la boca

Hagas lo que hagas o sea cual sea tu estrategia, hay una regla de oro que no debes olvidar: nunca le digas a nadie que estás buscando otro trabajo, excepto a aquellas personas que te puedan ayudar en el proceso. La mayoría de la gente no es capaz de guardar un secreto, y la última cosa que quieres es que tu jefe sepa que estás buscando un trabajo mejor. No confíes en nadie.

No mandes el currículum si en el anuncio sólo aparece un apartado postal, nunca sabes donde puede acabar tu currículum y tu nombre puede aparecer en cualquier base de datos. Muchas empresas dedicadas al mailing lo hacen para tantear el mercado laboral.

Agencias de empleo

Tampoco hay que confiar en las agencias de empleo. Hay muchas posibilidades de que tu currículum termine en el despacho de tu actual jefe a través de quién sabe qué vías.

En algunos casos se puede justificar la existencia de agencias de empleo, ya que ponen en contacto a las personas que buscan trabajo con las empresas. Sin embargo, suelen ser estas últimas quienes utilizan consultores de recursos humanos debido a la falta de tiempo y de experiencia en la selección de personal o porque piensan que los profesionales conseguirán mejores resultados que ellos. Pienso que es un error porque les cuesta dinero y además confían en otras personas para seleccionar al candidato más apropiado para un trabajo que nadie mejor que ellos conoce a la perfección.

La alternativa es escribir directamente a la empresa. Véndete a ti mismo. Crearás una impresión mucho mejor si eres tú quien se dirige a la empresa en la que estás interesado porque demostrarás tener iniciativa y resistencia. Evita los intermediarios. Las empresas pagan para encontrar a los candidatos y quieren recuperar su inversión. Pero su inversión eres tú.

> *No dejes tu trabajo hasta que no hayas encontrado otro. Los departamentos de personal, como los bancos, sólo tratan con gente que no los necesita.*
>
> ROBERT TOWNSEND, *Up the Organisation*

9

UN CONSEJO FINAL

La búsqueda de trabajo es un juego en el que unas veces se gana y otras se pierde. Es distinto a los Juegos Olímpicos, por ejemplo, donde lo importante es participar. En la búsqueda de trabajo se juega para ganar. Lo más importante en la vida es ganar y ese sentimiento no se puede comparar con nada.

Por otra parte, perder no es tan malo. Te enseñará a mejorar tu actuación y a ganar con más frecuencia. La gente inteligente aprende de sus errores, los analiza y nunca tropieza dos veces en la misma piedra. Quien está en la cima aprende también de los errores de los demás. Ese debe ser tu objetivo.

> **No te desesperes si fallas en tus primeras entrevistas.**
> **Sigue intentándolo.**

La gente dice que con la práctica se alcanza la perfección. Yo más bien diría que con la práctica perfecta se alcanza la perfección. La mejor forma de practicar es contestando a anuncios de trabajos que realmente no quieres ni necesitas pero que te darán una experiencia valiosa a la hora de enfrentarte a una entrevista. Cuando llegue tu gran oportunidad, estarás preparado para echar mano de esa experiencia, lo que te dará ventaja frente a tus competidores. Es posible que ellos no tengan tanta práctica y desconozcan el proceso de selección. Se mostrarán nerviosos, incómodos y venderán muy mal sus cualidades.

Sin embargo, tú sabrás reconocer las preguntas, los temores, los trucos y las trampas y las tácticas más avanzadas que ya habrás sufrido en entrevistas anteriores.

Si quieres conseguir el trabajo que buscas y dirigir tu carrera en la dirección correcta tienes que ir paso a paso, pero cada uno de esos pasos te conducirán a la meta final: el éxito. El éxito es un término relativo, su significado varía según cada persona, pero, para mí, existe una única definición real de éxito: ser capaz de vivir la vida como uno quiere.

Hay dos caminos posibles para avanzar profesionalmente. El primero de ellos consiste en saltar de empresa en empresa. Si aprendes rápido, sabes cómo hacer amigos, tratar a la gente y utilizar tus aptitudes y conocimientos para conseguir puestos mejores, este camino es el que debes seguir. Tienes que mantener los ojos bien abiertos, estar en contacto con la gente, refrescar tus conocimientos regularmente, mejorar tus aptitudes y adquirir otras nuevas.

Una vía alternativa es mejorar dentro de una misma compañía. Los grandes jugadores son los que escogen este camino. En algunos casos, no tienes más que permanecer el tiempo necesario hasta llegar a la cima. Es algo parecido a una estrategia militar. Se necesita paciencia y persistencia hasta llegar a dominar todos los aspectos de la empresa. Probablemente ésta es la vía más difícil debido al clima laboral que reina en la actualidad.

Considero que la manera más rápida de alcanzar la cima es ir cambiando de lugar de trabajo. Los días en que había que guardar fidelidad a una firma y a un producto en particular han pasado a mejor vida. Tu empresa no te es fiel a ti: tienes un contrato por pocos meses. En eso consiste su fidelidad. ¿Por qué vas a tener que ser fiel tú?

> Una entrevista de trabajo no es más que la presentación de un producto. Es la única presentación de un producto en que éste se vende a sí mismo, porque ese producto eres tú.

Y POR ÚLTIMO

Un consejo no se juzga por sus intenciones, sino por los resultados.

CICERÓN, Ad Atticum IX

Las tácticas de la entrevista que has aprendido probarán su utilidad en tu trabajo actual y cuando busques nuevos puestos en el futuro. Sin embargo, el resultado final dependerá no sólo de tus aptitudes, sino también de las aptitudes del entrevistador. Algunos entrevistadores sin experiencia se harán un lío con tus estrategias, pero los profesionales experimentados se darán cuenta de tu habilidad en las entrevistas y se esforzarán más en examinarte. Algunos de ellos espero que lean este libro, entonces podrán en marcha las técnicas que contrarresten tus estrategias. Tú tranquilo, no todos son tan astutos como para llegar a comprender tus verdaderas intenciones.

Una de las tareas más frustrantes y solitarias del mundo es la búsqueda de trabajo y acudir a entrevistas. Muchas veces estarás deprimido, cuestionarás tus capacidades, perderás la confianza en ti mismo, te sentirás sin fuerzas, desilusionado. Pero tendrás que luchar contra esos sentimientos si quieres alcanzar tus propósitos. Nunca me cansaré de repetir lo importante que es mantener una actitud positiva. Si tú no crees en ti mismo, ¿quién lo va a hacer? Además de creer en ti mismo, necesitarás fuerza de voluntad, perseverancia, trabajo duro y, ¡cómo no!, un poco de suerte.

> *Soy una persona que cree mucho en la suerte: mientras más duro trabajo más suerte tengo.*
>
> STEPHEN LEACKOCK, humorista canadiense

Y llegamos al final. Espero haberte proporcionado un mejor conocimiento de cómo piensan los seleccionadores y sobre lo que quieren escuchar en una entrevista. Lo último que puedo hacer es desearte todo lo mejor en tu camino hacia el trabajo que te mereces. Gracias por haber leído este libro.